部下を引っぱり、役員を狙う

部長の仕事術

川井 隆史
Kawai Takashi

はじめに

「部長の仕事術」の話に入る前に、皆さんに質問です。

そもそも「部長の仕事」とは何でしょうか? また、「課長から部長になって変わること」、あるいは「部長に期待されていること」とは何でしょうか?

部長が課長までと決定的に違うところ、それは、「経営上の重要な判断を担う立場、部門の長になる」ということです。

課長までは一般社員と過ごす時間が多く、現場レベルの仕事が大半でしょう。経営レベルの判断が求められることは、通常それほど多くありません。

しかし部長になると経営側との仕事が多くなり、経営の視点で仕事を考えることになります。

したがって「部長の仕事術」とは、「経営上重要な組織を運営する能力・方法」を指します。

部長になりたての方が初めに戸惑うのは、それまでの立場とは違う視点で仕事を見つめ、判断することが求められるからです。

＊

そんな私はさぞ最初から優秀な人間だったと思われるかもしれませんが、決してそうではありませんでした。

私は政府系金融機関の地方支店でキャリアをスタートし、その後、外資系会計事務所、日本コカ・コーラ、ＧＥでキャリアを積んできました。

「外資系企業」というと、スマートにバリバリと仕事をこなす人ばかりのイメージが強いようです。

しかし特に最初の数年間、私はドメスティックな会社の花形とはいえない地方支店からの転職組で、若いわけでも英語ができるわけでもなく、周囲の厳しい競争に圧倒されながら、いつクビになるかヒヤヒヤしながら仕事をしていました。スマートな仕事ぶりとは程遠く、「出遅れ感」たっぷりでした。

そんな私だからこそ、周囲の優秀な人を見よう見まねで学びながら、良いところは愚直に吸収しようと努め、コツコツ実践して部長職に就くことができたのです。

厳しい競争の中で生き残ってこられた秘訣があるとすれば、この点に尽きるのではないかと思います。

スタッフ（平社員）時代の私は、「部長は個室とアシスタントつきの高給取りでうらやましい」と思っていたものです。

しかし実際にそのポジションに就いてみると、他部署との調整や1日100通を超えるメール、打ち合わせや問い合わせに追われ、部下は放っておくと、勝手な方向に仕事を進めていたり、あるいは最低限のことしかやっていなかったり……。休日返上で連日深夜までやっても自分の仕事が終わらず、その上、業績が悪いと降格やクビが待っている世界で、とにかく疲弊していました。

そうした厳しい競争の中で生き抜くのは大変ではありますが、一方で、上級管理職としての「あるべき姿」を学ぶ、かけがえのない経験ができました。

部署全体を切り盛りする「独立感」は、課長レベルでは味わえない仕事の醍醐味をもたらします。運や外部要因に左右されながらも、その結果責任を一身に背負い、苦労や心配を乗り越えて「達成」できた時の喜びは非常に大きいものです。

*

本書はこうした私の経験を踏まえながら書いたものです。

したがって、抽象的な「あるべき論」ではありません。周囲の優秀な方々から実際に学んだこと、そしてそれをもとに実行した私自身の「実践的な手法」を書いていることが特徴です。

「部長の仕事」は、もちろん小手先の技術も必要ですが、それだけでは長期的な成功は見込めません。本書を読めば、大事なこと、普遍的なプリンシプル（原理原則）があることを理解してもらえることと思います。
それは外資系か日系か、あるいは大企業か中小企業かを問わず必要なものです。そういう意味では、本書はどんな企業に所属する部長職の方でも読めるものになっているはずです。

部長になりたての方、部長の仕事に戸惑い悪戦苦闘されている方はもちろんのこと、若手や課長クラスが「一歩上の役職」に挑戦する気持ちで、あるいは社長や役員が「どんな社員を部長に抜擢するか」を考える指針として読んでいただければ幸いです。

２０１７年2月

川井　隆史

部長の仕事術 ― 目次 ―

第1章 これからの部長に必須の5つの心得

第2章 部長のマネジメント力

第3章 部長の数字力

第4章 部長の育成術

第5章 部長の人間力

第6章 役員への出世術

第7章 苦難の乗り越え方

第8章 部長の自己啓発

カバーデザイン　ＯＡＫ　小野光一

第1章

これからの部長に必須の5つの心得

1 課長とは違う「部長に求められること」

▼課長との違いは何か？

皆さんは、課長から部長になって何が変わるのか、即答できますか？

課長から部長になって一番大きく変わることは、「経営陣の一員になる」という点です。

課長までは従業員の長という側面が大きいですが、部長は経営者側の一員になるという」点が大きく変わるところです。経営者側の一員として経営戦略を実行に移し、結果をきちんと出していくことが必要です。

また、部長が判断することは自分の部署だけでなく、他の部署や会社全体の経営にも影響を与えることが飛躍的に多くなってきます。

したがって自分の部署の実績だけ上げれば良いわけではありません。

課長までは自分の部署の実績を上げるために他部署と揉めても、部長がとりなしてくれます。

しかし、部長クラスで自分の部署しか見えていない行動ばかりとっていれば、バランス感覚のない人間として、部長失格の烙印を押されてしまいます。

▼重要課題は「組織を動かす」こと

自分の部署の実績だけ良くなっても、他の部署に同じくらいのマイナスの影響を与えたら、経営者にとっては差引ゼロです。

部長は、経営上重要な組織の長ですから、組織を動かすことが一番の重要課題になります。課長と違い、直属の部下ばかりではないので、部長の方針は自然には部下に伝わりません。

課長までは多少「俺の背中を見て仕事をしろ」で伝わる部分はありますが、部長が同じやり方では全くうまくいきません。


課であれば1つの手漕ぎボートに4人が4つのオールを持っているような感じで、お互いが見えています。課長が方向さえ示せばその方向に進みます。

しかし、部であれば大きな船で他の漕ぎ手が見えない状況です。しかも船が大きいので他の船にぶつかる可能性も大きいです。部長が部を掌握していないと動かない、違った方向に行く、他の船にぶつかるといった結果になります。


こういった意味で、マネジメントや仕事の仕方というのは、部長と課長で大きく異なるわけです。

部長の考え方や行動のあり方について、さらに具体的な違いを見ていきましょう。

2 専門性より「政治力」

▼組織を動かす力とは？

前項でも述べましたが、部長は経営戦略を実行に移してしっかりと結果を出していかなくてはなりません。そのためには自分の部署だけではなく、他の部署の協力も得なければ当然良い結果は出せません。

皆の協力を得るために、一番大切なものは何でしょうか？

その分野の専門家として一目置かれていれば、皆あなたの思うような方向に動いてくれるでしょうか？

残念ながら「政治力」がないとなかなか会社組織は動かないものです。

では「政治力」とは何でしょうか？　一般的には「権限」と思う人が多いようです。

▼権限・専門性・実績だけでは人は動かない

私はGEに勤めている時代に、米国本社から日本のカードビジネスの財務・経営企画部門の長として赴任しました。

当時の私は、本社上層部ともつながりがあり、社長からは実質的にナンバー2との信頼を寄せられ、公認会計士としての専門知識を持ち、コスト構造の再構築で実績もきちんと残していました。

つまり権限・専門性・実績としては十分持っていたはずです。

ところが、皆が協力的でさまざまな仕事がうまく運んだかというと、最初はそうもいかず苦労しました。全く非協力的だったわけではなく、消極的に協力するといった感じです。こうした環境の中で、当初は他部門の長を責めたてることもあるなど、私自身かなりイライラしていました。

少し風向きが変わってきたのは営業部門の提携交渉に加わり、さまざまな相手側の仕事に協力してからです。

それまでは私のことを自分勝手な出世主義者のように感じていたようです。私も他部署の活動に積極的に協力する姿勢を強めに見せることにより、少しずつ信頼感を醸成することができたのです。

▼「政治力の両輪」を身につける

人間関係がドライといわれる外資系企業では、「こいつは自分の敵ではない」と信頼されるかどうかが、円滑な仕事運びに大きく作用します。

昨今では日本の会社でも職場関係はどんどんドライになっている中で、信頼の大切さは一層増していくでしょう。

もちろん、部長としての権限や力も非常に大切で、「敵に回すと怖い」という側面も時には必要です。しかし、人間は恐怖だけでは積極的には動けません。

部長としての権限と信頼は「政治力の両輪」だと思います。

要するに「味方にすると頼もしいが敵に回すと怖い」という政治力が、部長に求められるのです。

3　プロセスより「結果」

▼部長の責任範囲は広い

当然のことですが、良い結果を出すためには、その結果に至るまでのプロセスで、さまざまな努力や工夫が必要です。

しかし、結果までのプロセスにおいて努力することは、良い結果を出す確率を高めはしますが、保証をするものではありません。

部長の仕事は、課長とは違い、他部署などの動向に大きく左右されるものです。あなた1人の能力でカバーできる部分は圧倒的に少なくなります。

仮に他部署の協力が得られず、あるいは外部環境を理由に結果が振るわなくても、うまくいかなかった言い訳をして経営陣に甘えてはいけません。

他部署の協力を得ることや、外部環境の変化に対応するところまでが「部長の仕事」であり、それができるかどうかが「あなたの仕事の能力」なわけです。

▼泣き言は通用しない

私が以前日本コカ・コーラに在籍していた頃、新しい事業部の立ち上げプロジェクトにマネジャーとして参画しました。

その際、システムの導入で他部署のノウハウが必要だったのですが、非協力的な部署が多く、プロジェクトの進行が遅延することがありました。

当時の上司である部長に「非協力的な部署が多く遅延気味になっている」と泣き言

を言ったところ、「結果を出さないプロセスには興味がない。結果が出るようにプロセスをつくり直せ」と厳しく叱責されてしまいました。

最終的には協力しない部署にできるだけ配慮して計画をつくり直し、休みを返上して何とか期限までに立ち上げることができました。

結果に対して部長が厳しい態度で臨んでいれば、おのずと部下も引き締まります。

ただ後日談ではありますが、その部長は非協力的な部署に彼なりに根回ししてくれていたようです。あえてそのような素振りは見せずに私には厳しく当たっていたようで、後から振り返れば「愛のムチ」だったわけです。

▼聞きたいのは「どうやったらうまくいくのか」

トルストイの名著『アンナ・カレーニナ』に、「幸福な家庭はどれも似たものだが、不幸な家庭はそれぞれに不幸である」とあるように、うまくいかなかった理由はいくらでも挙げられます。

しかし、経営陣が聞きたいのは「うまくいかなかった理由」ではありません。「どうやったらうまくいくのか」ということです。

プロセスで人事を尽くしても、結果がうまくいかず、経営陣に酷評されることはよくあることです。

部長は最初からそのことを覚悟しつつ、準備し、変化対応できるようにしておくことが求められます。

4
過去より「未来」

▼何ができるか、どうやって実現するか

テレビのあるドキュメンタリー番組で、リストラがテーマに取り上げられた放送を見ていたところ、元部長という人がこんなコメントをしてました。
「今まで会社にはさまざまな貢献をしてきたのにひどい仕打ちにあった」と。

私は、部長まで昇進しているのだから、それなりに会社に貢献し功績があるのは当たり前のことだろうと考えています。バリバリ年功序列のぬるま湯企業でもない限り、

当然なのです。

部長として重要なことは、過去にどんなことをしてきたかではありません。「これからの将来にあなたができることは何か」ということです。

上級管理職なのですから「これから企業に貢献できること」と「どうやってそれを実現するか」の方向性が求められるのです。

▼昨年と同じでは「あなたは退歩している」

このあたり非常にシビアだったGEでは、当時の上司にこう言われました。

「会社は常に進歩しているのだから、あなたが昨年と全く同じことをしていれば、あなたは退歩しているということになる」。

実際、５年以上も連続して増収増益を上げてきた素晴らしい上司が、それから２年連続で目標を下回り、３年目も達成が見込めなくなった時点で即座に更迭されてしまうといったことがありました。

これからの自分に何ができるのか？

このことを常に考えていないと、あなたの未来もないわけです。

5 話すより「聴く」

▼「聞く」ではなく「聴く」

相手の話を「聞く」場合は、話が右の耳から左の耳に抜けていくだけでも「聞く」ですが、「聴く」はきちんと積極的に耳を傾けることを表します。おそらく誰でも上司の言うことは「聴く」でしょうが、部下や同僚の話は「聞く」だけになっていないでしょうか？

八方美人になって誰にでも好かれようとする必要はありません。ただ、無駄に敵をつくったり、ギスギスした関係になるのは考えものです。

とくに「部下を軽くあしらう」などは気をつける必要があります。地位が高くなるにつれ、意識していないとどんどん「聴くこと」が少なくなってくるので注意しましょう。

▼部下の信頼を左右する「聴く」行為

外資系の上級幹部だととにかく時間にシビアなので、人によってはパソコンに向かってタイプを打ちながら「聞いているから話せ」というタイプがいます。これでは話している方が要領を得ず、なにより話しにくくて仕方ないでしょう。このような人にはできるだけ近づかないようにしたいと思ってしまいます。

一方で忙しい上級幹部がタイプの手を休めて、こちら側に体と目を向けて「話してくれ」と言ってくれれば、こちら側も感謝しますし、話しやすいのでポイントをつかんだ話がしやすいでしょう。

前者のタイプはコミュニケーションのロスを生じさせ結局は時間を無駄にします。ありがちなのが、聞き流しておきながら後で問題が起こると「俺は聞いていない」と怒り出すパターンです。

逆に後者のタイプの方がポイントをつかんで的確なアドバイスをすることができ、一度でしっかりと意思の疎通ができると思います。

「聴く」ということは人を大切に扱うことであり、大切に扱われて悪い感情を持つ人はいません。

また、地位が上がるとついつい自分の話をしたがる人も多いのですが、むしろ「聴く」ことがどんどん必要になってくるため注意しましょう。

6 短期より「長期」

▼2～3年後のビジョンを持とう

部長にもなると、業績に対するプレッシャーは強く、ついつい目先に追われてしまいがちです。前の項で「過去より未来が大事」と書きましたが、「未来」でも、来年くらいしか見えていないようではいけません。

目先の業績を上げるのは当然大切ですが、2～3年後のビジョンがない部長というのは評価されませんし、部下もついてきません。

いわゆる叱咤激励型の「鬼軍曹タイプ」でも、課長クラスまではビジョンなしで何とかなりますが、部長クラスでは通用しません。

目先の目標ばかりを負わされては、短期的にはついてはこられても、長期的には疲弊したり反発を覚えるようになってきたりして離反状態になることが多いわけです。

▼マンネリ化し疲弊しないために

わりと日本で苦戦している外資系の子会社などに多いのですが、本社から派遣された社長がとにかく短期間で業績を上げたいばかりに、今までの仕事を全否定してすぐ効果のありそうなリストラをやることがあります。とくにコスト削減系のリストラは効果がわかりやすいのでやりたがります。

しかし、往々にしてその先のビジョンがないので、士気が落ち売上も減少して縮小均衡へと向かいます。

有望な社員なども疲弊して2~3年で去っていき、業績が落ち始めたところで社長の交代、社員も総取り替えなどというさびしい結果になります。

このような刈取り型のタイプにマネジメントをされると、長期的に会社の体力は確実に弱まるわけです。

しっかりと実績を積み上げていくためには、部署の人間が「何のためにやっているのか」「どこを目指しているのか」わかるよう、数年後までのビジョンを示す必要があります。

マンネリ化して疲弊しないためにも、長期のビジョンを示すことは部長の大事な仕事になるのです。

第2章

部長のマネジメント力

1 横と斜め下の人脈をつくる

▼上層部との人脈は実力がないと意味がない

社内人脈が大事という話になると、例えば「社長と××専務の引きがある」といった、上層部との人脈が重要そうな気がします。

以前であれば、上層部に可愛がられて出世ということは普通にありました。上層部に人脈があるというのは引き続き大切ではありますが、上層部も実力のない人間に目をかけてくれるほど甘い世界ではなくなりました。きちんと結果を出す人間でなければ相手にしてくれません。

▼ヒラメ社員の限界

欧米外資系企業などは上司の権限が強く、「できない奴」とレッテルを張られてしまえば、良くて現状維持か降格、悪ければクビです。したがって社風にもよりますが、日本の大企業も顔負けの「ベタベタのヒラメ社員」が少なくありません。

ところが、ベタベタのヒラメだけの人間は、最終的には必ず淘汰されてしまいます。自分の上司や上層部しか見ていないと実績を上げることができず、結局評価は低くなってしまうというわけです。

私の日本コカ・コーラ時代の同僚にかなり有名なヒラメマネジャーがいました。彼は、上層部に対してはとても献身的に滅私奉公していました。

しかし、私を含めた同僚や部下に対しては、頼んだ仕事も難癖をつけてなかなかやってくれません。また、自分の仕事になると期限を切って非常に厳しい催促をしてくる有様です。皆気分が悪くなり、必要最低限の仕事しかやりませんでした。

周囲の協力がなかったためか、上層部に対しては滅私奉公していたにもかかわらず、最終的には左遷されてしまいました。

▼鈍くさくても誠実に

一方、マーケティング部門のある部長は、プレゼンが取り立てて上手なわけでも英語が流暢なわけでもない、どちらかというと鈍くさく見えるタイプでした。

しかし、私のような目下の人間に頼む時も丁寧に仕事を説明し、問題が起こった時も決してスマートではないのですが責任を持って解決に動いてくれます。

終わった仕事に対しても「君と仕事ができて良かった」などと感謝してくれ、私も感激したものでした。

人柄は良くても、外資系企業においてはなかなか出世することが難しいタイプと思っていましたが、最終的に日本コカ・コーラグループ中核企業の社長にまで上り詰めました。

ドライな外資系といえども、皆が彼のためには喜んで手を貸すために、どんどん素晴らしい業績を上げることができたのも大きな一因ではないかと考えられます。

▼部長の仕事は皆の協力があってこそ

成果主義というと、一匹狼のような自分さえ良ければ構わないと考える人間や、あるいはヒラメ系が成功しそうですが、そんな簡単な話ではありません。

協調性のない一匹狼タイプや、ヒラメで上ばかり見ていると、大きな仕事をしようとしても、周りが協力的に動いてくれないのでどんどんボロが出てくるわけです。

業績評価が厳しくなればなるほど、横の同僚や、斜め下にいる部下の縁と人脈が大切になってくるわけです。

2 「境界線の仕事」が人脈を厚くする

▼大事なのは「重要な仕事」ばかりではない

欧米系のグローバル企業は、職務の範囲と権限がはっきりしており、権限外のことはやらないので、自分の仕事さえ終われば他人のことは気にしない、などといわれることがあります。

しかし実際は、範囲がきっちり決まっているのはクラークと呼ばれる比較的単純な事務作業をする人（しいていえば日本の一般職の職務に似ています）だけです。

それどころか上層部にアピールできるような重要な仕事は取り合いになります。いわゆる幹部や幹部候補といわれる人は、自分の職務の範囲を超えて、自分の権限を増やそうと権力争いをするわけです。

行き過ぎると問題はありますが、こういった仕事の取り合いは成長する活力となります。当然上層部にアピールできるような仕事をどんどん進めていくというのは必要なことでしょう。

しかし、ここでいう「境界線の仕事」はそういった仕事のことではありません。

▼あえて「貧乏くじ」を拾う効用

仕事の中には、「地味であまりアピールはしないのだけど誰かがやらなければならない、かつちょうど職務の範囲の境目に落ちてしまうような仕事」があるものです。

私は会社の中でも要領の悪い方だったので、流れでそのような仕事をやることが少なからずありました。

ＧＥで財務経理の部長だった時に、ＩＴ部門と財務経理の間で押しつけ合いになった仕事を引き受けたり、内部管理の改善を地道にやって内部監査を無事に乗り切るといったことを意識的におこなっていました。

こうした仕事は、アメリカ企業としては意外にも上司の評価が高かったのですが、本当の収穫は、ＩＴ部門のマネジャーやスタッフと信頼関係を築けたことでした。

それまでの財務部門はＩＴ部門とギクシャクしたところがあったのですが、「境界線の仕事」を拾ってくることで信頼を得ることができ、相手方も丁寧に隠しだてなく話してくれるようになりました。

「境界線の仕事」を拾うと人脈が厚くなります。誰もやらないそのような仕事をきちんとやってくれる人は、信頼を得やすいからです。

たまにはこういった「貧乏くじ」を拾う冒険というものも必要だと思います。

3 部下の統率　どんなチームをつくるか

〈1〉方針はつくるがマニュアルはつくらない

▼部長の大事な仕事は「方針」をつくること

どんな仕事にもマニュアルはあるものです。したがってマニュアルがいらないと言っているわけではありません。むしろ日々の通常業務はできるだけ標準化して、マニュアル化することが、仕事を効率的にこなすためには必要です。

しかし部長にとって一番重要なのは、標準化に対する「方針」をつくることです。

方針があいまいなまま標準化だけが進むと、単なる部分最適や顧客本位でないものができてしまいます。

わかりやすいのはお役所の仕組みです。お役所は複雑な手続きや書類が多いので細かく担当ごとに細分化され、マニュアル化されることによって間違えが出にくい仕組みをつくっています。しかし、そこには市民の生命を守ることや利便性という視点が根本的に抜け落ちていることがあります。

▼使命感のないマニュアル対応

私自身が体験した例で、緊急時における対照的な対応を見ていきましょう。

9・11がアメリカで起きた際、私はニューヨーク郊外にあるGEの米国本社で働いていました。私の息子はテロの翌日に生まれましたが、その後近郊で炭疽菌を使ったテロ騒ぎなどもあり、非常に不安な状況だったため、家族は日本に帰そうかとも考えていました。

妻はまだ混乱の残るニューヨークの日本領事館に苦労して出向き、息子のパスポート申請などをおこないましたが、発行までは相当時間がかかるようでした。

もう少し緊急帰国に備えて早急に発行することはできないのか、もし再度大きなテロがあってどうしても米国を出なければならない場合はどうすれば良いか領事館にたずねました。

すると「発行までの期間は短縮できません。ただ、緊急時には領事館までお越しいただければパスポートを即時発行いたします」というのが回答でした。

しかし、テロの際に子供を連れてニューヨークの領事館まで出向くなど、危険でとても現実的ではありません。

マニュアル的には正しいのかもしれませんが「日本国民の生命と安全を守る」という使命感をその対応に見ることはできませんでした。

▼臨機応変に動くスタッフをつくる

対照的なのは、東日本大震災における対応で評価をされたディズニーランドの例です。とっさの判断でゲストの不安を取り除いた対応は、さまざまなメディアで取り上げられ日本中の感動を呼びました。背景には、何度も訓練がされていたことと、高度なマニュアルの存在があるようです。

しかし、それだけではないはずです。

顧客の安全を守ることにより、夢の王国を楽しんでもらうという方針が徹底されていること、そしてその方針がキャストに行き渡っているからこそできた対応です。

部長は大きな組織を動かしていくわけですから、マニュアル通りにしか動かない機械的な人間をつくり出してはいけません。

きちんとした方針をつくり、それに沿って臨機応変に動くスタッフをつくり出すことが大事なのです。

〈2〉指示よりも暗示を

「指示よりも暗示」というのは、指示を全くしない、という話ではありません。右も左もわからない新人には指示が必要ですし、緊急時ももちろん必要です。

▼暗示的に伝える

やってほしいことを事細かに指示すれば、考えなくてもすぐに行動に移せるでしょう。

しかし、たいていの人間は指示ばかりされて動いていると、「目的を達成するためにどんな手段を取ったら良いかを考える習慣」がなくなってしまいますから、指示なしでは動けない人間になってしまいます。

よく上級幹部の方から、「私の部下は指示待ち人間が多い」と嘆きの声を聞くことがあります。しかしよくよく原因を探っていくと、そういった人に限って、自分がこまごまと指示を出すことを好む傾向にあるようです。

一方で、自分では解決できないような難問に限って部下に丸投げをして、いちいち指示を仰がれると自分もわからないから激怒してしまう、というパターンです。

部長が部下に対して直接細かな指示を出さなければならないことは、普通はそれほど多くないはずです。

指示として必要なことは、到達目標、方針、予算や時間などの制約条件、注意点などを暗示的に伝えることです。あとは折に触れて報告を受けながら、時と場合に応じて簡単な軌道修正をおこなえば良いのです。

▼言うべきことと、我慢することを区別する

ただ現実はそれほど易しい話ではありません。

かつてGEや日本コカ・コーラなどの経営の中枢部門にいた際、部下はほとんど一流大学卒でMBA（経営学修士）保持者、転職組でも人材育成で定評のある著名グローバル企業の出身者が多いですから、自律的に仕事を進めていくという点では全く心配はありませんでした。

むしろ、彼らが勝手に変な方向に向かった際に、いかにやる気を奪わないよう軌道修正を入れるかに腐心していました。

一方ベンチャー企業に転職した際は苦労しました。営業や技術などの部門には大企業の枠にはまらない感じのユニークな人材も多いのですが、管理部門だと良くも悪くも日本の大企業文化にどっぷりはまった感じの人材が多いものです。

きっちり決められた範囲内で淡々と仕事をしてきたタイプで、ミスすることを非常に恐れる人が多いです。

管理職クラスでも「どうやって進めていけば良いのか」とこまごま相談され、一時は「ベビーシッターじゃないぞ！」と切れそうになりました。

このような部下に対しては、意図的なミスやよほどの怠慢でなければ責められることがないと説明し、安心させることを第一におこないました。

その上で、指示を求められても本人で考えるように投げ返して、私自身はひたすら我慢するようにしました。こうすることで、次第に自主的に動いてくれるようになりました。

このように、部長が明示的に指示すべきことと、あえて言わずに、自ら考え成長する機会を与えることを区別して指導することが必要なのです。

〈3〉役割分担ではなくチームワークを

大きな仕事を分割して何人かでやってもらう際には、部長の判断でおこなうことが多いでしょう。その時に注意が必要なのは、単なる役割分担になってはいけないということです。うまくチームワークが機能するようにしなければいけません。

▼「分担」が生む無関心

地域イベントをやるために、区の体育館を貸し切る必要があった時の話です。区役所の体育課に電話をして相談したところ、「個々の体育館のことは直接そちらに電話をしてほしい」とのことでした。そこで体育館に電話をしたところ、今度は「そういったことは体育課で一括管理しているのでそちらに聞いてほしい」とのことでした。

ありがちな役所のたらいまわしです。結局は、体育館の貸し出しの担当者が休んでいたために起きたことでした。

これは「分担」の典型的な悪例です。

業務が細かく区切られていることで、隣の人が何をやっているかさえわからない、気にしない状況になっているのでしょう。

区役所の体育課の役目が「区民の健康の増進に寄与する」ことなら、体育館を使った地域イベントなどは率先してお手伝いして良いはずなのに、そのような感じではありません。チームとして役目を果たすような仕組みができていないわけです。

もし「チームワーク」が機能していれば、休んだ人の穴は確実に他の人が埋めて、チームとして区民のイベントを手助けできるようにすべきでしょう。

▼部署の方針を理解しフォローし合える組織にする

「チームワーク」が「分担」と違うところは、自分が直接取り組む目の前の仕事以外にも、チームメンバーが部署の方針を理解し、他の仕事をフォローできる体制になっているかどうかです。

そうしたチームワークを発揮できる組織では、「1＋1」が「2以上」となり、大きな力を発揮するようになります。

部長は、メンバーがフォローし合える組織をつくることを心がける必要があるのです。

〈4〉部署内にブラックボックスをつくらない

あなたの部署内に古参の生き字引的な社員はいないでしょうか？

当然このような方々が持つ暗黙知というものはある程度尊重しても差し支えないとは思いますが、「程度問題」があります。

一番困るパターンは、その人がボトルネックになることです。

最近は日本企業でもリストラの危険がありますから、自分の仕事を抱え込み、他の人にはできないように「仕事を独占する人」が増えつつあるような気がします。

▼古参社員は要注意

私がコントローラー（経理部長）の時も、生き字引のような古参社員がいました。

確かに彼に仕事を任せておけばその分野に関しては正確で早くて楽でした。ただ、悪気はなかったとは思いますが、いわゆる職人気質で「仕事は盗んで覚えろ」というタイプで、彼の仕事に入り込める人がいませんでした。

私も薄々その危険性は認識していたのですが、抜本的な対策は打たず先送りにしていました（先送りというのは危機管理の体制として非常に恥ずかしい行為の典型です）。

しかし、四半期決算の最後の大詰めのところで、彼が病欠してしまうという事態が生じました。

このことを反省した私は、彼の仕事をある程度視覚化しようと努めたのですが、やはり本人の積極的な関与がないときちんとしたものはできません。最終的にはやむなく彼の配置換えをしてしまいました。

▼仕事は独占させないように

安定した状況を変えるのは非常に勇気がいることです。

しかし、「仕事のブラックボックス」は、危機管理上も大きな問題で、まさかの時に大災害を引き起こしかねません。

あなたの部署には「仕事を独占する人」がいないでしょうか。私自身の反省としても、これは気をつけてほしいと思います。

4 部長の意思決定

〈1〉データは6割で決断する

▼「見切る」勇気を

これはかつて仕えたある上司の話です。

この上司は、データが事細かくそろっていないと判断できない人でした。

彼に資料を要求されて持っていくと、細部までとにかく質問をしてきます。2時間も3時間も重箱の隅までつつかれ、足りない部分を補足するように要求します。当然資料はいつも膨大な量になります。この上司は決断をする際に、データが不足していると心配で仕方がなかったようです。

進捗のスピードが落ちることで上層部は不満を抱き、部下も強いプレッシャーを受けて過労や鬱病で倒れる人が続出し、最終的に彼は更迭されてしまいました。


一方、究極の判断として映画にもなった「ハドソン川の奇跡」があります。USエアウェイの機長はエンジンが2つ停止した際、最低限の時間で必要なチェックを済ませた後、数十秒という時間でハドソン川に着陸の判断をして乗客乗員155人の命を救いました。

後に近隣の空港に着陸するという選択肢もあったのではないかと追及されますが、与えられた状況の中で最善の判断をしたと自信を持って対応し、最終的にはすべてが認められました。

ここまで究極の判断はなかなかないと思いますが、この判断をする「見切りの切れ」というのが上級管理職には求められます。

▼適宜修正をしていけば良い

重要な意思決定においては、できるだけ情報を集めた方が良いことは間違いありません。

しかし一方で、意思決定のスピードも常に求められます。

ざっくりとしたこの均衡点が、「データ6割」というのが私の見解です。

データは6割程度で自分なりの仮説を立て、意思決定をしていかないと、現代のスピードにはついていけないでしょう。

その上で、始めたら経過をチェックし、修正していけば良いのです。

ちょっとした失敗は恐れず進んでいく勇気が大切です。

〈2〉自分の常識を疑う

▼人は「見たいもの」しか見ない

「判断を誤る」ことは少なからずあるものですが、だいたい決まったパターンがあります。

自分にとって有利な情報があるとつい飛びついてしまい、他の情報が目に入らなくなってしまうのです。

ユリウス・カエサルは、「人は見たいと思うものしか見ようとしない」という言葉を残しました。自分の常識にこだわってしまうと、ついついそこから外れたものは目に入らなくなる傾向があります。

私がかつて仕えた社長でこんな人がいました。

その会社は社長の肝いりで新規事業に進出し、業界の注目度はそれなりに上がっていた一方、損失を計上し続けており厳しい状況でした。

私は将来シナリオを作成した上で、大幅な方向転換か撤退が必要なことを進言しました。

彼は私のシナリオが誤りであると主張し怒り狂いましたが、最終的には本国から赤字が解消しないことで撤退を打診され、その事業からは撤退するという苦い結果に終わりました。

▼常にゼロベースで考える

人は自分に有利な情報だけを取り入れ、残りの不利な情報は無視しがちです。常に自分の常識を疑ってゼロベースで考える習慣を身につけないと、大きな誤りをすることになります。

後日談ですが、この事業のリストラが決まった際、社長はさっさと他企業に転職してしまい、社員の解雇など、後処理は私がせざるを得ませんでした。

リーダーが「見たいと思うものしか見ない」と、誤った判断をした際に多くの部下をまき込んでしまうため注意が必要です。

〈3〉「新・根回し」の勧め

通常「根回し」というと、古い日本企業の悪い習慣というイメージがあります。

しかし、じつは世界中どの企業においても、ある程度の根回しは必要です。

すべてがうまくいっている際はとくに必要ないですが、自分の仕事の結果が予想より悪い時、大きな支出・労力を要するような仕事やプロジェクトを承認してもらう時には、何らかの根回しは必要です。なぜなのでしょうか？

▼早めの対処を促すために

どこの会社のどんな人でも、突然サプライズで悪い話が耳に入れば気分は良くないでしょう。

仮に長期的には悪い話ではなくても、目先大きな支障があるなら同じです。

グローバル外資系企業で働いていれば、どの会社でも「役員クラスに大きなネガティブ・サプライズを与えるのは絶対避けろ」と言われるほどです。

例えば、予算に未達になりそうだという悪い情報を上司に報告するのは非常に憂鬱なものです。

しかし、激しく叱咤されるのはこうした悪い情報に対してではありません。

この情報が遅れて、しかも突然上司の耳に入るようなケースです。「早めに知らせてくれればそれなりに対処方法を考えられたはずだった」というわけです。

上司としては、1つの部署の業績が悪くても他の部署でカバーできれば済むことが多く、悪い情報は早めに聞いて早めに対処したいわけです。

▼早めに期待値を引き下げる

旧来の「根回し」は意思決定の会議の前に、承認権限者に説明をして回り、事前に内諾を得ることを指します。

しかし、私が言う「新・根回し」は別に密室で意思決定を進めるような手続きではありません。評価者や承認者の期待水準を、現実に近いところまで引き下げる必要がある場合に使うテクニックです。

口頭でもメールでも良いので、もし悪い情報があるならば早めに伝え、少なくとも楽観的な空気から、少し悲観的な空気にしておくことです。

楽観的な空気の中で悪い結果を伝えれば、人間の感情としてマイナスは2倍になりますが、逆に悲観的な空気の中で伝えればマイナスは2分の1になります。

要するに結果は一緒でも、評価に4倍の差が出るわけです。

部長の持つ情報は重要度が高いはずです。「情報の早期の伝達」は常に意識しておきましょう。

5 部長の時間管理

〈1〉時間は必ず予想よりかかる

地位が上になればなるほど、また、大きな仕事を手掛ければ手掛けるほど、かかわるメンバーの数は多くなります。そして、たいていの仕事は予想より時間がかかります。

なぜでしょうか？

たいてい時間を見積もる際には、それぞれの業務にかかる時間を足し算していくことになるでしょう。しかしそこに罠があります。

▼5割増しで想定する

業務と業務の間には、他部署との連携における手待ち時間や、指示の聞き誤り、品質の問題によるやり直しの時間など、さまざまな予想しにくい時間が存在します。

そうこうしているうちに、どんどん時間は経過していくのです。

したがって目標としては、単に足し算していった時間に対して、5割増し程度で想定しておいた方が良いわけです。そのあたりが現実的なラインでしょう。

部長としての動き方にも注意が必要です。

課長までであれば自分が先頭に立って業務やプロジェクトを推し進めていくというやり方でも問題はありません。

しかし部長は、時間を浪費させる障害をいかに取り除いていくかが肝要になります。

〈2〉早く「手をつけ」「分別して」「手放す」判断をする

できる上司かどうかは、メールの受信トレーを見ればだいたいわかってしまいます。未読のメールがどれだけあるかで見分けがつくのです。

グローバル企業の上級幹部になれば、1日200〜300通は平気でメールが来ますので、瞬時の判断が必要です。

できる上司は一定のサイクルで瞬時に判断しながら、「すぐ手をつける」「一応目を通して判断する」「読まずに捨てる」と分別します。

▼判断の遅れが長時間労働の元凶

逆に困った上司は、メールを1000通くらいもため込んでしまいます。

私の経験した困った上司は、たびたび夕方になって「緊急で明日の朝までにこの資料を用意してほしい」と役員クラスからのメールを転送してきます。そのメールは、よく見ると1週間前のメールだったりします。

こういった上司に当たってしまうと、部下は常に緊急の仕事に追いまくられ、残業がやたらと多くなります。その上、急いでやる必要があるために仕事の質がどうしても低くなりがちです。

残念ながら日本人の上司にこのタイプが多く、日本企業の長時間労働の問題は、このような上司の存在が一因ではないかと思われます。

▼早く「手放す」ことが一番重要

理想としては、早く「手をつけ」、「分別して」、「手放す」なのですが、中でも一番重要なのは、早く「手放す」ではないかと思います。

かつての私の上司は仕事の量が半端ではなく、しばしば「申し訳ないが手をつける時間がないので……」と、ほぼ仕事を丸投げすることがありました。

しかし、彼女は即座に自分の時間がないことを判断しているので、最初は仕事の丸投げに私も困惑するのですが、対処する時間が十分にあることで冷静に対処ができるのです。

逆に「手放し」が遅れると、いくら丁寧にインストラクションをしてくれても、時間がないためにさまざまな困難を抱えることになります。まして他部署が絡むものだと、思いのほか影響は広がってしまいます。

部長の「手放し」が遅いと部署に与える損害は甚大です。そのあたりはいっそ丸投げでも、手放しが遅いよりかははるかにましと肝に銘じてほしいものだと思います。

〈3〉自分の時間よりも部下の時間をつくる

部長とはいえ、プレイヤーを兼ねた「プレイングマネジャー」として働く人も少なくないでしょう。

しかし一方で、プレイヤーとしての自分の時間ばかり気にかけて、部下との時間を犠牲にしてしまう部長は困ったものです。

▼自分の仕事だけに熱中しない

例えば、ひたすら上司や顧客などのプレゼン資料作成に熱中し、部下を部品のように使い回すタイプです。

部屋で自分の仕事に熱中してドアを閉めきり、部下が指示を仰ごうとしても入っていけずに困惑するような状態です。

かつて私の隣の部署の部長がそんなタイプでした。

とにかく彼は忙しくてほとんど打ち合わせなどに出ており、戻ってきた時に部下が指示を仰ごうとしても「ちょっと後で」ということで後回しにされてしまいます。

部下はきちんと時間を割いてもらえないので、消化不良のまま動かねばなりませんし、指示を仰ごうにもなかなか接することができないので、手待ちの時間は必然的に多くなります。

結局その部署は毎月100時間を超えるような残業が続き、疲弊して辞めるスタッフも出てきてますます大変になってしまいました。

▼部下の時間をいかにつくり出すか

このような部長だと、いかに自分だけ効率的に時間を使っても、例えば部下が10人いて彼らが2時間を浪費したら、20時間の無駄が発生したことになり大変な非効率です。部長自身は優秀だとしても、部長の仕事がこれではいけません。

部長の仕事として大切なのは、「部下の時間をいかにつくり出すか」です。どんなに忙しくても部下の意見を聞き、質問に答える時間はきっちり取りましょう。

私のかつての上司で今でも尊敬している方は、「仕事をやるうえで障害になっていることはないか？」が口癖でした。障害があれば自分の政治力を使ってでも部下のために道を切り拓いてくれました。

こういう上司だと、部下も絶対手は抜けないものです。

〈4〉仕事の制約（ボトルネック）を意識する

質の高い仕事を短期間でこなすことができれば、それはベストに違いありません。しかし、割ける時間や人員などの制約によって、そううまくはいかないものです。このあたり、「気合いで乗り切る」というのも否定するものではないですが、少なくともそれに頼りすぎれば、部署は疲弊してしまいます。

▼制約（ボトルネック）はどこにあるか？

たいていの仕事において求められるのは、一定の品質のものを短時間で仕上げることだと言えます。

前項で「仕事をやるうえで障害になっていることはないか？」が口癖の上司の例を挙げましたが、彼は「仕事の制約（ボトルネック）」を意識した典型的な上司と言えます。

部長レベル以上だと仕事のスケールもそれなりに大きいですから、細かい部分よりも全体を俯瞰して、どこが制約になっているかを判断し、それを取り除く方が重要です。

▼時には「政治力」で解決を

単純な対策例として「部署内異動」が挙げられます。

ある仕事をある特定の個人しか知らなければ、その人が休んだり辞めたりすると、それが制約となって、部署の業務全体が止まってしまうことがあります。

そうならないためにも、定期的に部署内異動をすることで、1人の人しかわからない仕事を極力排除します。こうすることで、突発的なことが起きた際にも協力できる体制が敷けるようになります。

また、仕事の目先が変わってマンネリを防ぐことができるため、転職や退職を防ぐことにも効果があるようです。

その他にも、仕事の制約は他部署の非協力や気難しい担当役員など、さまざまに存在するでしょう。そうした組織的制約に対して、部長が「政治力」を発揮して解決してくれると、部下としては非常に頼もしく思えるものです。

〈5〉進捗管理で「追い込み徹夜」を解消する

プロジェクトの話を聞くと、「最後の数日間は徹夜に次ぐ徹夜だった」などという武勇談をよく耳にします。

追い込まれてギリギリになることで浮かぶ良いアイディアや、徹夜することによって生み出されるアドレナリンなどによる一体感や充実感など、必ずしも否定するものではありません。しかしそんな非常時が頻繁にあって良いはずはありません。

そうした仕事のやり方では、たいてい2～3日は気の抜けたような状態になり、長い目で見ると生産性は低いでしょう。

▼「追い込み」を減らすコツ

できる部長に共通しているのは、仕事の進捗管理のタイミングが巧みなことです。

時々のケースによって異なりますが、最低限仕事の「最初」と「真ん中」と「終了間際」に進捗確認をするのが普通です。

あらかじめ「×日に進捗の棚卸をする」と決めておき、その日に報告してもらうことを早いうちから了解してもらうのです。

まともな部下であれば、その日に合わせてある程度の水準まで仕上げてくるはずです。

このような「一里塚」を要所要所に設けることで、いわゆる終盤の「追い込み」を限りなく少なくするのです。

▼つかず離れずのバランス感覚

「進捗の棚卸」は、進捗の遅い部下を叱責する場ではなく、もし遅れて進捗している場合に、いかにフォローするかを考える場にします。

あらかじめそのことがわかっていれば、「どうすれば遅れを取り戻せるか」といった前向きな話をする機会になります。

典型的な困った上司は、終了間際になってあわてて状況を聞き、自分の思っていた方向と違っていることに怒るタイプです。このような人に限って、平時に「報・連・相」をしようとしても、「今は忙しい」などと後回しにしたりします。

一方、進捗管理が好きで毎日のように報告をさせ、事細かに指示を出すことを好む「マイクロマネジメント型」も困りものです。

前者だと部下は常に不安におびえて仕事の質は高くならないですし、後者だと典型的な「指示待ち族」を生み出します。

進捗管理の巧みさは、言わばバランスの良さにかかっているといえるでしょう。

〈6〉同時進行可能な仕事力

本来は「1つの仕事やプロジェクトに100％集中して取り組みたい」と思うところでしょう。しかし、部長には「同時進行可能な仕事力」が求められます。仕事は待ってくれないのです。

▼熟成する時間を考慮する

仕事を終わらせた後の高揚感の中で決めたことが、振り返ると穴だらけだったということがないでしょうか？

少し時間を置いて振り返ると、一種の思考の熟成が起きて、良い考えが浮かんだり、以前の考えの穴が見つかったりすることはしばしばあります。

そういった意味では、仕事は同時進行でおこないながら、少し時間が経った後に見直すというプロセスで進めていくことが必要になってきます。

部長の意思決定は、最終の工程に近く、あとは役員会などで採否を問われるだけのことが多いでしょう。

したがって「思考の熟成時間」を持つことは、意思決定の精度を高めるためにも大事なことです。

▼タスクを分解しよう

同時進行のコツは、仕事を「分解する」ことです。

例えば「情報収集」「実際の作業」「意見聴取・根回し」「フィードバックへの対応」「最終案の策定」というように、抱えている仕事のタスクを分解します。

そしてそれぞれのタスクが終わったところで振り返ってみるのです。冷静に振り返ることで、穴を潰し、意思決定の精度を高めることができるはずです。

6 部長の会議力

〈1〉ファシリテーション力を身につける

▼自分の意見を通すことが目的ではない

会議や打ち合わせの際に大事になるのが、論理的に考える力や論点整理の力です。相手を打ち負かすディベート力は、できる限り「抜かずの宝刀」にしておきたいものです。

会社における会議の目的は、相手を打ち負かすことではありません。たとえ相手を会議で打ち負かしても、気分を害して仕事上の協力を得られなくなったり、サボタージュをされたりと、結局障害になります。

私も若い頃は議論が達者な方だったこともあり、相手をぐうの音も出ないほどやり込めて良い気になっていたこともありました。

しかし、打ち負かされた方は納得していないわけですから、嫌々従っている状況で、物事はちっとも前に進みません。

いわゆる「議論に勝って仕事で負ける」状態になるわけです。

かといって、利害が対立した際に、足して2で割ったような折衷案で合意しても、今度は双方とも不満で同様の結果になる可能性が高いでしょう。

本来会議のゴールは、多様な意見を戦わせることよりも、1段上のレベルの解を見つけ、会議メンバーが協力してその実行をおこなうことであって、自分の意見を通すことではないはずです。

〈2〉聴いて、構造化して、かみ合わせる方法

それでは、実り多い会議に必要な力とは何でしょうか？

それはファシリテーション力です。ファシリテーション力とは「聴いて、構造化して、かみ合わせる力」です。

▼聴いて、意見を抽出

まず、人の意見をよく聴きます。さまざまな意見を辛抱強く抽出することです。ここを誤ると後で言いたいことが言えなかった層がサボタージュしたり、実力者だとちゃぶ台をひっくり返したりします。

残念ながら日本の会議では、「あの会議の場では言えなかったけど……」などと言って、後出しじゃんけん的なことを言う人が多くいます。

そうならないためにも意見を出しやすい場をつくり、辛抱強く意見を抽出することが大切です。

▼構造化して、理解を統一する

2つめは構造化です。

なぜ構造化が必要かというと、中身を理解していなかったり誤解していたりすると後々支障が出るためです。

構造化をしないために「あの会議の場では××と理解していたけど実際は違うよね。だから××しなきゃ」といった誤解が後で生まれます。構造化をすることで出席者共通の理解が深まり、こうした誤解は防ぐことができます。

さらに、意見が対立する場面においても、何から何まで180度対立していることは稀です。相違点があるから対立が生じますが、どこかに共通点や一致点もあるはずです。

構造化によって、その部分を明示することができます。一見矛盾する意見がうまくかみ合わされ、収束に持っていきやすくなります。

固執していることでもさほど重要ではなかったり、制約条件だと思っていたことがじつは制約条件ではなかったりなど、障害が思った以上に簡単になくなることはよくあります。

▼意見をかみ合わせる

以前ある企業で、経営企画部門と営業部門が対立していました。

経営企画部門は営業部門が予算を無視して経費を使うことに不満を持っている一方、営業部門として部門経費は予算内に押さえているので会計の科目（たとえば販促費、広告宣伝費など）は問題ではないと考えていました。

お互いの意見を聞くと、経費をきちんと管理したいという気持ちはどちらも一緒という共通点がありました。一方で、顧客獲得の活動推移によって、経費の使い道は常に異なってくるという営業側の事情がありました。

最終的にファシリテーションをして、プロジェクト費用として経費の総額を経営企画が管理する一方、営業部門はその枠内で新規顧客を獲得するための経費を自由に使えるようにしました。共通点を認識しつつ、対立点を収束させたわけです。

このような力を身につけるには、まずファシリテーションなどの本を読むことが有効です。たとえば『問題解決ファシリテーター――「ファシリテーション能力」養成講座』（堀公俊著、東洋経済新報社）や『ファシリテーター養成講座――人と組織を動かす力が身につく！』（森時彦著、ダイヤモンド社）がお勧めです。

ただし、基本は実践あるのみです。

最初から役員が出席する会議で実践するのは大変なので、部内会議などで始めてはいかがでしょうか。

7 部長の質問力

▼意思決定の重要ポイントを探る

プレゼンテーションにおいては、ついついパワーポイントのフォントや「てにをは」などの言葉づかいに目がいきがちです。テクニックは確かに重要で、話法や効果的な身振り手振りなどもバカにはできません。

ただ、部長のプレゼンで大事なことは、そういったテクニックよりも、自分の主張することを正しく理解してもらい、相手に行動してもらう、または自分の行動の許諾をもらうことにあります。

したがって、準備で最も大切なのは、相手側のリサーチになります。プレゼンの前にその意思決定者に質問をすることで、その人の意思決定における重要なポイントはどこにあるのかを探ります。

その際に、「あなたの考えはどうですか？」などとストレートに聞いても普通答えは得られません。質問をされた本人も潜在的にしか認識しておらず、そのような質問では答えようがないケースも少なくありません。

また、相手の話をさえぎらず、否定せず、気持ち良く率直に話してもらうことで、相手の本音を見いだすことができるものです。

どのように質問をしたら自然に効果的な答えが引き出せるか。ぜひ意識して研究してみてください。

人や組織を動かしていくためにも、「質問力」を磨く必要があるわけです。

第3章

部長の数字力

1　大原則　人は見たい現実しか見ようとしない

数字を使うにあたっては、まず心得ておくべき「大原則」があります。

それは「人は見たいと思う現実しか見ようとしない」ということです。

良い数字を出せば、よほど間違っている数字でない限り、上司は喜んですぐ受け入れてくれるでしょう。逆に悪い数字は、なかなか受け入れてくれないものです。

それはあなたにも当てはまるはずです。

つまり、厳しい現実はなかなか受け入れにくいものなのです。

それを肝に銘じて数字は使わなければなりません。

そうでないとあなたは、数字の王様ではなく、数字の奴隷になってしまいます。

2 数字の使い方

〈1〉報告者を叱責しない

▼叱責しても起きたことは変わらない

人は悪い現実は認識したくありません。そこでありがちなのが、悪い数字を持ってきた報告者を叱責してしまうことです。

これは世界共通の現象のようで、英語のイディオムにも"Don't shoot a messenger"

（メッセンジャーを撃つな！）というものがあります。

悪い数字の責任は必ずしも報告者にあるわけではありません。

仮にその報告者に責任があるとしても、悪い事象は「報告した」ことによって発生しているのではありません。すでに起こっていることだからです。

したがって報告者をその場で叱責すれば、報告をしないで隠蔽したり、先延ばしをする誘因を生むことになってしまいます。

▼部下が報告しやすい「ひと工夫」を

経営管理をしていた立場から見ると、このような叱責型の部長のいる部署はたいてい困りもので、当初は順調のような報告をしているのに月末直前になって悪い報告が上がってきます。

早めに知らせてくれれば手を打てるのに、報告が遅いことで対応が後手になります。

問題は「悪い報告をする」ことにあるのではなく、「悪い報告が遅い」ことにあることを理解しましょう。

じつは私自身も同様な経験をして反省したことがあります。

それ以降、悪い報告が上がってくると悟った際は、1回深呼吸をしてからニコッと笑って話を聞くように努めました。

これによって悪い報告をする側も、つまらない言い訳ではなく、建設的な話をしてくれるようになりました。

悪い報告であればあるほど、そして地位が上がれば上がるほど、悪い報告をしやすくする「ひと工夫」が必要になってくるのです。

▼報告者に注意が必要なケース

前項で報告者を叱責しない話をしましたが、一方で、報告者に注意が必要なケースもあります。

それは、報告が「形容詞」を使って上がってくる場合です。

例えば、売上の報告で「芳しくない」「思ったより低くなりそうだ」といった報告です。

これでは、報告を受けても何の判断も対処もできません。

「いまいちです」といわれても、「気合いを入れてもっと頑張れ」といったかけ声だけのやり取りにしかなりません。

▼会社の共通語である「数字」

報告のベースは基本的に数字であるべきです。

例えば「売上が芳しくない」といった場合、前年実績は上回っているが予算が未達なのか、前年対比、予算対比ともに50％以上の未達なのかを確認しなければいけません。

数字の良いところは、個々人の主観によって変動せず、外国人であっても理解でき、「会社の共通語」であることです。

英語が「社内公用語」になった会社がありましたが、社内語として一番通じる言葉は、じつは数字です。

数字で語ることができれば、ある程度言葉が通じなくても、意思疎通ができるものです。

〈3〉数字を握れば強いが、前向きに使う

欧米系企業では、CFO（最高財務責任者）が実質的なナンバー2として権力を持っているケースが多いです。これはなぜなのでしょうか？

その理由の1つは、数字を握っていることが挙げられるでしょう。

▼数字という根拠があると強い

例えば、IT部門の長がシステム投資を要請したとしましょう。いくら彼が新しいシステムの素晴らしさを訴えても、他のIT音痴の同僚たちは目先の投資額に目を奪われて積極的な気持ちになれません。

しかし、CFOが新しいシステムの導入により、営業部門の業務処理時間が20％減ったり、全社的なシステムコストが15％減ったりして、投資額の回収も2～3年で可能

なことを具体的な数字で示したらどうでしょうか？　この数字が正しい限り、皆積極的になるはずです。

判断の根拠となる数字を握っているため、仮説が正しいかどうか、明確な数字という根拠を使って戦うことができるのです。

しかし逆に考えれば、あなたが会社の数字、とくに自分の部署の数字をきちんと理解して握っていれば、十分ＣＦＯにも対抗できることになります。

会社の全体的な数字はＣＦＯが握っているとしても、その部署の数字は普通その部署の人が握っていて、理解も深いはずだからです。

ビジネスにおける「戦い」は、数字を握っている人が勝ちやすいのです。

▼数字の「使い方」に気をつける

しかし、数字を使って戦う時に、気をつけなければならない点があります。

それは、数字で相手を完膚なきまでに叩きのめしてしまうことです。ついつい数字に強い人は、数字に強くない人に対して、理詰めで徹底的に叩いてしまう傾向があります。その場合、相手は感情を害してしまいますし、部下であればやる気をなくしてしまうでしょう。

社内の場合、相手は敵ではなく、同僚や部下です。問題があればそこに気づかせ、より良い案を持って来られるように行動を促す。そういった前向きなことに数字を活用できるようにしたいものです。

〈4〉状況に応じて柔軟に数字を出す

▼正確さよりも早さに価値があることも

例えば数字を使って「予測を出してほしい」と依頼をすると、「きちんと調べるのに時間がかかる」「今の情報量では無理」などと答える人がいます。

当然正確な数字を出そうと思えば、時間と労力、そして一定以上の情報量がないと難しいと思います。

しかし予測などの場合は、正確さよりも早さの方が重要なケースが多いのです。

できる部長は、不明な部分については、一定の仮定や過去の法則性などをもとに、限られたデータで素早く数字をつくってきます。

▼あらかじめ数字の要求水準を見極める

数字は、状況をよく見極めて柔軟に出しましょう。

数字を出すよう依頼されたら、まず、目的、用途、納期、そして必要な正確性を必ず確かめるようにします。

例えば、社内の予測数字であれば、ある程度大雑把な数字でも大きな問題はないはずです。

一方で、顧客と最終折衝のための価格見積りに関する数字なら、かなり正確なものが必要でしょう。この場合は作成納期もある程度の期間を要求します。

このように、状況に応じて数字の作成方法というのは異なります。ですから、事前にどの程度の要求水準なのかを確認し、よく見切って用意することが大切です。

〈5〉重要な数字は譲らない

▼成果を横取りされる恐れがある

ここぞという数字を扱う際は、自分で押さえ、自分でプレゼンテーションするように努めなければなりません。

私が外資系企業の社員だった頃、プレゼンテーションでプロジェクトの結果発表をした時の話です。

最初のサマリーの一部を、協力を得た他の部署の上長が「自分にも少し話させてくれ」と言われたので譲ったのです。結果的にはそれが大失敗でした。

彼女は英語が母国語のこともあり非常にプレゼンが上手で、いわゆる成果の数字をうまいことアピールしました。役員たちのイメージは彼女が主導し、私たちの部署がお手伝いしたような印象となってしまったのです。自分たちが主導したはずの成果は、すっかり彼女に持っていかれてしまいました。

成果を表す数字は、安易に他人に渡してはいけません。さりげなく自分がやったような顔をする人が少なからずいるので注意しましょう。

▼悪い数字もしっかり握る

逆に悪い結果の数字も、こっそり注進する輩がいます。

悪い数字の扱いにはコツがあります。

手離れよく、関係する役員などには、直接、早めに知らせるのです。変に噂を流され独り歩きしたり、こっそり注進で耳に入ったりした場合、役員クラスの印象は非常に悪くなります。

重大な悪い数字はきっちり自分が握り、出すタイミングと相手は慎重に、しかし速やかに提出することを検討しなければなりません。

部長レベルになると、足の引っ張り合いや功の奪い合いは、ある程度覚悟しなければならないからです。

〈6〉数字の引き出しはたっぷり持つ

▼数字の根拠についてどこまで準備するか

役員クラスに数字を持っていくと、その中身について聞かれることがあるでしょう。当然部長クラスなら、数字の根拠について答えられないことはないはずです。ただ、重要な部分について、そのまた1段階下まで突っ込まれることは十分考えられます。

つまり数字は2段構えくらいで用意しておかないと、後々痛い目に遭うことがあるわけです。

しかし社内資料程度で「準備する」にも限度があります。見せる資料の10倍くらいのサポート資料を用意する人もいますが、現実的ではありません。

▼引き出しを豊富に見せる3つのコツ

ではどうするか。３つのコツがあります。

１つめは、あえてあまり細かい数字は出さずに、本当に重要な数字だけ出しておく方法です。もともと出している数字が少ないですから、２段構えにしてもあまり手間はかかりません。

２つめが、ヤマをかけて重要な部分だけを2段構えにしておく方法です。ただ、これだとヤマを外した時に困ります。

私は結構図々しい人間なので、役員からヤマを外した質問が来たら、逆質問をしていました。なぜその部分を質問したのか、こちらから質問するのです。

もし、自分の予想していたこととは異なる重要なポイントがあれば、新しい視点をくれたことに感謝しつつ、きちんと調べてきますと素直に謝ります。

しかし、たいていは大した考えはなく、ちょっと興味本位で質問したというケースなので、調べ直すことでもないだろうという空気になります。

役員クラスがかかわる社内の会議での質問は、単に存在感をアピールするだけのものも多いので、このようなやり方でかわせるでしょう。

3つめは少しずる賢いやり方です。それは、あえて「その他」という数字を出しておく方法です。

「その他」を設けておくと、必ず質問してくる人がいるものです。

そこの準備をきちんとしておきます。つまり、他に都合の悪い質問を出させないという誘導策になります。

〈7〉数字は常に2つ以上用意する

▼「希望的な数字」か「手堅い数字」か

目標や予測といった数字を用意する場合にやってしまいがちなのが、「こうなったら良いな」という希望的な数字か、「これなら絶対大丈夫」という手堅い数字の、どちらか一方だけを用意してしまうことです。

私が製造部門にいた若い頃は、このことでよく失敗しました。

営業部門の計画を鵜呑みにして新商品の計画を立てたのに、さほど売れずに在庫の山を築いてしまったり、それに懲りて固めの計画ベースを作成したところ、今度は在庫切れを起こしてお小言をもらったりしました。

こういったことが起きないために必要なことは、複数の数字を用意することです。

▼「ベストケース」と「ワーストケース」

具体的には、ベストケースとワーストケースの2つの数字を用意します。

こうすることで、現状がどちらに向かっているか、どのあたりに位置しているかを常に把握できるようになるのです。

希望的な数字しかなければ、下振れした場合にどこまで行くのか見当がつかず、どのような対策をしたら良いのか考えにくくなるでしょう。

一方で手堅い数字しかない場合は、少しでもそれより上に行きそうなら安心してしまい、かえって機会ロスが生じてしまうことが多いです。

そういった意味で、数字は常に2つ用意しておく必要があるのです。

第 4 章

部長の育成術

1 ダイバーシティ（多様性）を理解しよう

ダイバーシティ（多様性）という言葉はだいぶ一般的になったと思いますが、外国人や女性だけが対象だと思っている人が少なからずいるようです。当然その見方も大切ですが、ダイバーシティを狭く解釈しすぎです。

あなたの部下には、おそらく新入社員からベテラン社員など、「年次」による多様性があるはずです。

また、上昇志向が強く、どんどん新しい仕事に挑戦するタイプ、定型業務を着実にやるタイプ、その中間に位置するタイプ（ハイブリット型）など、「仕事に対する取り組み方」にも多様性があるといって良いでしょう。

一見すると、どんどん新しい仕事に挑戦していくようなタイプが望ましいと思われるかもしれません。しかし、そのような人ばかりではなく、定型業務を安定的に、着実にやってくれる人がいないと組織はうまく回らないものです。

このように、いろいろなタイプや年次の人たちをまとめ、育成していく視点が、部長には求められることになります。

本章では、こうしたダイバーシティ（多様性）を踏まえながら、属性や適性に合った育成方法について考えていきます。

部長が新卒社員を直接指導することはあまりないでしょう。ただ注意して心がけなければいけないことはあります。それは、「歓迎し、育む空気」をつくることです。

▼歓迎し、育む

一般的に新卒社員は即戦力にならないので、明らかに迷惑そうにして、全く放置する部長もいないわけではありません。当然そのような空気は部署全体に伝わり、ただでさえ不安感一杯の新卒社員にとっては、本当につらい日々になります。

反対に、歓迎し育む空気と仕組みがあれば、たとえ厳しく指導されたとしても、どこか救いがあります。新卒の社員が失敗をして厳しく叱責されたとしても、誰かが自然とフォローに回ってくれるものだからです。

▼メンター制度的な仕組みを

個人的な話になりますが、私の新入社員時代、最初の職場では非常に温かく迎え入れてくれたことを今でも懐かしく思い出します。

私は国民金融公庫（現日本政策金融公庫）の岡山支店に配属されました。

花形支店ではなくうれしい配属ではなかったのですが、新入社員を歓迎し育もうという温かい空気をとにかく感じられる支店で、業務日誌などを先輩や上司が丁寧に見てコメントしてくれていました。

かつての日本企業には、こうしたある種の「メンター制度的な仕組み」という良い文化があったと思います。大きな失敗をした際などは上司や先輩が飲みに連れて行ってくれるなど、今だと多少ベタなフォローではありましたが、すごく精神的に助かったことを私も覚えています。

やはり歓迎されているというのは大きな励みになりますし、それがあるから多少つらいことがあっても乗り越えられます。

メンター制度のようにある程度ベテラン社員が新卒新入社員をフォローする体制があれば、不安感なく仕事に打ち込めるはずです。

▼最近の若者はひ弱？

最近の若者はひ弱だというような声がありますが、本当でしょうか？

仕事の効率を優先し、あるいは自分の仕事ばかりにかかりっきりで、新卒社員を放置していることはないでしょうか。

確かに、新卒の新入社員を育成することは、短期的効率性の観点からすれば妨げでしかないでしょう。

私自身も、中途で外資系企業に入社した際、「お手並み拝見」的な冷たい視線を受けて、精神的にずいぶんこたえました。

ある程度年季を積んだ中途入社でもこたえるのですから、新卒社員などは相当に参ってしまうはずです。

ですから、新卒社員を歓迎して育むメンター制度的仕組みというのは、日本企業として失ってはいけないものの１つと私は思います。

部署をマネージする部長職としては、ぜひ意識していただきたいところです。

〈2〉年次別育成法：中堅社員以上

ある程度年次を積んだ社員については課長が育成をしていくものでしょう。

ただし、新入社員は部署の仕組みの中で育っていきますが、中堅以上は基本的には自律的に成長してもらわないといけません。

▼仕事の半分は部下の育成に割く

第2章で、「部下には指示ではなく暗示をすべき」という話をしました。

残念なことに仕事ができる課長に限って、「自分は脳で、部下は手足」になっている人が少なからずおり、自分がすべて考えて部下に細々と指示を与える傾向があります。

課長レベルまではそれで業績を上げることは可能です。しかし部長クラスだとそのようなやり方では全員に伝達できず、伝言ゲーム的になってしまい、業績を上げるのは難しくなります。最終的にそのような課長は自分自身の成長が止まり、部下も指示待ち族になってしまうわけです。

ではどうすれば良いか。

最近の部長はいわゆるプレイングマネジャーであることが多く、自分で動かねばならないことが多いでしょう。しかし、そうした困難な中でも、仕事の半分近くの時間は、広い意味で部下の育成に割くのが望ましい形だと思います。

▼委譲とサポート

その際に大事になるのが、仕事の委譲とそのサポートです。

委譲した仕事の最初と途中経過と最終結果を丁寧に聞いて部下と議論します。その上で、適切なフィードバックを与えるのです。

このプロセスを繰り返すことが一番部下を育てることになります。

ただし、丁寧に聞くといっても、やたらめったに細かく質問するということではありません。ポイントを押さえることが必要な一方、ここぞという気になるポイントは突っ込んでいく緩急が大切です。

▼細々と指示してしまう課長には

さて、「自分は脳で、部下は手足」的な課長についてですが、私も何回か遭遇したことがあります。本人も優秀なので頭ではわかっているようですが、いざとなるとつい細々と指示をしてしまいます。自分が優秀なだけに部下がやっていることが歯がゆくて仕方がないのでしょう。

こういった部下（課長）に対して、私の場合は、会議などで少し介入していました。

部下が報告をして課長が指示を出す前に、部下本人に考えさせる時間を意識的に与えるようにしたのです。

課長も部下がある程度自分で考えられるということがわかってくると、少しずつ仕事を任せるコツがわかり、スタイルが変わってきたケースもありました。

ただ、必ずしもうまくいくわけでなく、介入されたということで不愉快に感じる課長もいるようです。そのあたりの運用は正直言って難しく、微妙なバランス感覚が求められます。

〈3〉タイプ別育成法：どんどん挑戦する人

このタイプはどんどん自分で学習して成長していきます。したがって、あまり無駄な干渉をせずに仕事をやらせて構わないでしょう。

ただ、成長志向が強いだけに腐りやすい面もあります。

一番に腐らせる要因は官僚主義です。

やたらと規則や前例、建前などを根拠に、画一的、形式的な対応を求めるとやる気をなくします。

ただし、どんな会社も官僚主義的な面というのは皆無ではありません。ですから部長としての役目は、いかに官僚主義的な面を調整し、このようなタイプの活躍の場を増やしてあげられるか、ということになります。

成長を妨げる「障害」を取り除いてあげることを育成の主にするわけです。

〈4〉タイプ別育成法：言われた仕事を着実にこなす人

このタイプの人は、以前は重宝されましたが、最近は「指示待ち族」として評判が悪くなりました。

ただ、会社にとって不必要かというとそうではなく、着実に仕事をやってくれるタイプの人は組織の貴重な存在です。バリバリのベンチャー企業でもない限り、挑戦タイプばかりだと組織は非常に不安定になってしまいます。

安定的に仕事をこなしてくれるというのは部長としてもありがたいのですが、良くも悪くも忘れてしまう水や空気のような存在になってしまいがちです。

その場合、このタイプの人は自律的には成長しないですから、その仕事をずっとやり続けたまま、下手をすると部署にブラックボックスをつくることになります。

この点には注意することが必要です。

▼思い切った「担当替え」を

一番の処方箋は「担当替え」です。非常に単純ですが勇気のいることかもしれません。確かに短期的に見れば混乱を招きますし、本人も抵抗するのが通例です。しかし、担当替えをすることにより、このような人も自律的に学習しなければならない立場に立たされます。

この時に部長として大切なのは、ミスをあまり責め立てず、部長自身が異動の結果に対して責任を持つことをきちんと伝えることです。

私自身の経験でも、部署替えによって、あまり積極的に考えるタイプでない社員が、新しい仕事で改善提案をするようになるなど、ポジティブな変化が見られた例もありました。

〈5〉上級管理職に望ましいタイプとは

ベンチャー企業であれば、どんどん仕事に挑戦していくタイプが大切でしょう。

しかしたいていの企業にとっては、着実に仕事をこなす一方、どんどん新たな仕事に挑戦していくといった、バランスのとれたタイプが上級管理職としては望ましいと思います。

意外にどんどん仕事に挑戦していくタイプは、安定したプロセスに落とし込んでいくのが苦手で、着実に仕事をこなせないことが多いのです。

逆に着実にやっていたタイプが化けて、挑戦もするバランスのとれたタイプになっていくこともあるのが育成の面白いところだと思います。

2 結果だけではなくプロセスも見る

▼問われる結果責任、しかし……

地位が上がっていくにつれ、どんどん「結果責任」が問われることになります。どんなに最善な手を打ったとしても結果が悪ければ評価はされません。

しかし、だからといって部下を育てるのに結果だけ見て、悪ければ叱責し、良ければ褒めるといった単純な方式では部下は伸びていきません。

また、評価は結果で問われるとしても、それが育成方法として理想的なわけではありません。

▼企業の基本理念に沿っているか

部下の育成で大切なことに、「企業の基本理念に沿った行動をとる」ということが挙げられます。企業の基本理念として社員が持っておかなければならない価値観というものがあるからです。

例えば「チームワークを大切にする」価値観を持った会社において、単独で抜け駆け的な行動をとって素晴らしい業績を上げた場合、どう評価すべきでしょうか？当然企業において結果は大切ですが、この結果だけを見て単純に評価はできないと思います。

たとえ素晴らしい業績を上げたとしても、「会社の価値観に合わない行動をとる人間に対しては高い評価を与えない」という考え方は、重要な教育の方法です。そして本人にもそのフィードバックを与えることが大切です。

もしその人が仕事のスタイルを変えることができれば、今後の大きな戦力になるでしょう。

一方で、仮に仕事のやり方を改善できずに、不満を持って会社を辞めたとしても、短期的な損失にこそなれ、長期的には部署の雰囲気は良くなりプラスになるはずです。

結果を正当に評価することは大切ですが、そのプロセスを見て、きちんとフィードバックを与えることもまた非常に大切なのです。

第5章

部長の人間力

若手が仕事をするうえで大事なことは、仕事のスキルかもしれません。

しかし地位が上がり、人を動かすようになると、それだけでは人はなかなかついてこないものです。


そこで大切になるのが「人間力」です。

例えば、人を動かすためには「伝え方」が大切で、若手のうちはプレゼンテーション力などを身につける必要があるでしょう。

しかし、部長の判断で困難な選択をして、いざ人を動かす際に、「伝え方のスキル」があれば人は動くのでしょうか？

難しい判断になればなるほど「不安感もあるし大変だけど、この人の言うことならばやってみよう」と、最終的にはその人の人間性を信頼してついてくるケースが多いものです。


本章では、部長に求められる人間力について述べていきます。

1 公平性を持つ

相手によって態度が豹変する人間というのはまず信頼されません。とくに立場が弱い人に対してどのような態度をとっているかは、意外と見られているものです。

▼弱い立場を虐げても自分が困るだけ

よく購買先などの取引先に対して、無理難題を言ったり怒鳴り散らすといった態度をとる人がいます。

ある下請け機械メーカーの役員さんと、休日にゴルフをご一緒した時の話です。

そのメーカーが納入した機械に故障が起きたようで、納入先の会社からクレームの電話が入りました。その声が、電話口から離れていた私にも聞こえてくるほどの怒声だったのです。

この納入先の会社は下請けに無理難題を言うことで有名で、「来週海外の工場で会議をするので出席するように」といった要請も、メール1本で平気でおこなわれていると聞きました。

この会社は数年前に経営危機になりましたが、その際に協力を要請した下請け会社からは、ほとんど協力を得られなかったと経済誌に取り上げられていました。

▼社内を暗くしないために

その他にも、年齢や性別はもちろん、人種や最近はLGBT（性的少数者）に対しても公平に接しなければならないでしょう。

若者だからといって子どもを叱りつけるような態度や呼び捨ては基本的に避けるべきでしょうし、年配社員の部下に対しては、最低限の礼儀が必要なことは言うまでもありません。

差別的な行為は人を傷つけるだけでなく、社内に暗い文化を醸成してしまうということが一番の問題です。

リーダーである部長が人に対して公平であることは、明るく働きやすい組織にするためにも、非常に重要なことです。

2 部長の誠実さ

〈1〉価値観（バリュー）やモラルを大切にする

▼ルールで縛り過ぎると人は考えなくなる

困った上司で意外と多いのが「歩くチェックリスト」のような人です。

本人はコンプライアンスを重視しているつもりかもしれません。ルールに従っているか厳しくチェックをおこない、少しでも逸脱があると事細かく指摘します。

当然ルールはきちんと守る認識が全社的に必要ですが、細かなルールをつくってそれに従業員を従わせるのは、必ずしも正しい方向とは言えません。ルールだけで縛るとどんどん従業員は考えなくなり、逆にルールに書いていないならＯＫだと思ってしまいがちです。

例えば経費にしても、問題なのは多額に使うことではなく、不適切に使うことでしょう。何が適切で何が不適切かは、ルールで縛れません。最終的にその会社の価値観やモラルが判断をすることです。

▼自社の「価値観の本質」は何か？

「ルールを守るよりも価値観（バリュー）やモラルを大切にする」という例でわかりやすいのが、スターバックスのエピソードです。

元社長の岩田松雄さんが著書『ミッション　元スターバックスＣＥＯが教える働く

理由』（アスコム）などで取り上げており、思わず目がうるんでしまったエピソードです。

ある心臓に重い病気を抱えた女子高生が、米国の移植手術に旅立つ朝に、どうしてもスターバックスのシナモンロールを食べたいと父親に懇願しました。父親は娘が大好きだったスターバックスのお店に思い切って出発の前日にお願いしましたが、飛行機の出発は営業時間前の早朝です。

ところが、「翌日の早朝、最寄駅に焼きたてのシナモンロールと手紙が入った袋を抱えたパートナーが笑顔で待っていた」そうです。

彼女は残念ながら若くして亡くなったそうですが、素晴らしい思い出になったそうです。

ルール上は営業時間外に店の商品を持ち出して金銭のやり取りをしているわけですから、明らかな違反行為です。

しかし、「人々の心を豊かで活力あるものにするためにひとりのお客様、一杯のコーヒー、そしてひとつのコミュニティから」というスターバックスのミッションに照らせば、明らかに賞賛すべき行動です。

当時の岩田社長も、ルール違反ではなく推奨すべき行動として捉えたそうです。

皆がルールを守らなければ会社は大混乱になります。

しかし､社員が会社の価値観の本質をきちんと理解していれば､平常時は基本のルールを守りつつ、いざという時は正しい価値観に応じて行動する、そういった人間らしい社員を生み出すのではないでしょうか。

部長はこうしたことにも気を配りながら、ルール上は違反でも推奨すべき好事例があれば積極的に共有するなど、正しい価値観を組織に育んでいきたいものです。

〈2〉後ろから矢を撃たない

よく「うちの部署からは斬新な案がちっとも出てこない」と嘆く部長さんに出会います。

このような部長は、部下をいわゆるトカゲのしっぽのように扱うことが多いようです。

例えば難しい仕事を命令しておきながら、いざ自分が不利になってしまうとトカゲのしっぽのように「本人が勝手にやったことだ」と切り捨ててしまうのです。

▼部下のやったことには責任を取る

以前、不良品の処理で大きな損失が出ることがわかり、その処理方法を役員に説明する機会があった時の話です。

当時の直属の上司には、損害額や製造元といかに損失分担するかを事前に丁寧に説明していました。しかし、役員は全額製造元に損害を弁償させるつもりだったようで、怒りはじめたのです。

するとあろうことか、私の上司も初めて知ったような顔をして、「なぜそのような弱腰の前提を立てるのか」と後ろから矢を放ってきました。私は若さもあり「事前にあなたには説明したのだからあなたは知っているはずだろう」と怒ってやり返してしまいました。

私は彼への信頼を完全に失い、重要なことは彼を飛び越して仕事をするようになりました。

このように、後ろから矢を放つ上司がいると落ち着いて仕事ができません。決められたレール以上のことはやれなくなってしまいます。

部下のやったことの責任を取るというのは、部長の大事な仕事です。ぜひ注意してもらいたいところです。

3 部長の柔軟性

〈1〉走りながら考える

以前は目標を立てたら、それに向かってどのような手法でおこなうか、問題点がないかなど、事前によく検討し、詳細な計画を引くケースが多かったと思います。ところが今では、「走りながら考える」という進め方が日本の企業でも一般的になりつつあります。

最終目標に到達するまでの手法は、とりあえず試してみて、うまくいかなかったら修正するという方法をとるのです。

▼素早く運用を開始できる

外資系企業の日本法人において、本社主導で新しい旅費精算のシステムを入れる時のことです。

当初半年後に開始ということでスケジュールが引かれていました。事前に要件定義的なものはおこないますが、現場に合わせたカスタマイズは最小限です。

日本人の社員は真面目なので、いろいろなケースを考えて細かい仕様を求めますが、主導する本国主体のチームは、重要なものと思われるものだけ拾い上げ、その他の細かい仕様についてはスタートしてから決めるということで見切り発車しました。

我々は主管部署でしたので、大きな問題にならないかスタート直後は非常に心配でした。

実際に何点か不具合が起きて多少迷惑をかけた部分はありましたが、システム上対応できるものは微修正しながら、そうでないものはある程度運用でごまかしつつ何とかなってしまいました。

計画は事前に細かく詰めるよりも、ある程度できたところで見切りスタートして、走りながら修正していくわけです。このやり方だと新しいものを素早く運用できるメリットがあります。

▼「スピード」が仕事をやりやすくする

だんだんこのやり方に慣れていくと、スピード感を持って物事が進んでいくので、かえって動きやすくなるものです。

もちろん安全や信頼にかかわるものは限りなく問題点を潰してからスタートすることが大切ですが、走りながら考えることも物事を素早く進めるためには必要なことです。

スピードを主導する立場である部長には、時と場合に応じた「見切り発車」の決断が求められます。

〈2〉弱みを強みに転換する

▼まずは「弱み」を特定する

自社の製品・サービスの弱いところは目につきやすいものです。

仕事がうまくいかなくなると、そういった部分を強調することで、責任回避する人がどこの会社にもいるものです。

若手の社員なら、弱みに目が行き弱気になるのは仕方ないことですが、部長が部下の前で口にすることではありません。

部長の仕事は、そうした弱みがあれば強みに変えて、競合他社と戦っていくことです。

それができないなら、部長としての仕事をきちんとしていないのと同じことです。

▼「弱み」を「強み」に変える方法を考える

私が日本コカ・コーラで働いていた頃、ボトラー社のグループ合計シェアは日本一だったものの、個別の企業規模は競合他社と比べて見劣りがしていました。

私は当時、日本コカ・コーラの製造・調達の部門にいましたが、調達や外部委託にしても規模の利益が働かず、交渉は難しいものがありました。

しかし、ボトラー各社で分散しているので価格交渉力が弱いと愚痴を言っているだけでは何も先には進みません。

ここで部門長が出した方針は集中購買でした。ボトラー各社は当時、米コカ・コーラ本社とは資本関係がなく、独立独歩な傾向がありました。しかし各ボトラー社と交渉をして、集中購買や集中製造をおこなうことにより調達コストを下げていくことができました。

このような動きは最終的にはコカ・コーライーストジャパンとウェストジャパンの経営統合につながりました。

地元資本と結びついたボトラーシステムは、当初は地域に根づく意味で重要だったのですが、セブン・イレブンなどのナショナルチェーンの誕生などにより、今ではそれが弱みになりました。

しかし、その弱みに対し、統合の方に向けて転換し、強みに変えたわけです。

たとえ弱みがあってもそれを最終的には強みに変えていく。

それが部長など上級管理職の重要な役割だと思うわけです。

4 部長の変革力

〈1〉失敗は課長までにしておく

▼「失敗したことがない」はNG

GEに所属していた際、私は幹部候補の採用を担当していたことがあります。この時、人事担当者から採用基準やインタビューのやり方についてロールプレイングを含めたトレーニングを受けました。

印象的だった質問事項は、「あなたが今までにした大きな失敗について話してください。そしてそれをどう挽回したか話してください」というものでした。

この質問に対してのNGワードは、「失敗したことがありません」というものです。一見失敗したことがない方がそつのない優れた候補者のような気がしますが、じつはそうではありません。

人事担当者に尋ねたところ以下のような答えをもらいました。

「失敗したことがないということは、積極的に困難な仕事に挑戦したことがないということ。そのような、自ら困難な課題に挑戦したことがないような消極的な人材は、採用側が求める人材ではない」ということでした。

▼失敗から何を学び、いかに再挑戦するか

失敗することは悪いことではありません。困難な課題に挑戦すれば、少なくとも小

さな失敗は数多くするはずです。

大切なのは、「失敗から何を学ぶか」ということと、「めげずに挑戦し続けることができるか」ということです。

与えられた仕事をやっているうちは「そつなくこなす」ということがある程度大事かもしれません。

しかし地位が上がるにつれて、自ら課題や問題点を見つけ、先行きが見えない中で仕事を遂行していかなくてはなりません。

その中で必要なことは、「いかに挑戦するか」「いかに失敗してもめげずに再挑戦できるか」ということです。

地位が上がれば、失敗した時の会社に与える損害は大きくなりがちです。

ですから失敗体験は若いうち、できれば課長までにしておくことが大切です。

部長レベルだからといって失敗してはならないわけではありませんが、失敗体験を早いうちからたっぷり積むことで、同じ失敗を繰り返さないことが大切なのです。

〈2〉修羅場は買ってでも体験する

▼最悪を想定する

私は大企業からベンチャー企業に移ったのですが、悪かったことは収入が激減したこと、良かったことは修羅場を味わえたことでしょう。

もともとベンチャー企業で働くことに興味を持ったのは、GEにいた際に、DeNA創業者である南場智子さんのお話を聞いてからです。

会社を起業する時の修羅場体験などをとにかく生き生きと話されており、GEの上級幹部でもあまり見たことのない輝きを持った方で、話が終わる頃には感嘆した覚えがあります。

その際感じたのは、所詮大きなプロジェクトで失敗したとしても、GEにおける私レベルだと経営成績に大きな影響が出るわけでもなく、最悪でもクビ、しかもおそらくは転職もほぼ同収入以上で可能と考えられ、随分ぬくぬくとした環境にいるなどということでした。

▼いざという時も「開き直れる」効用

そのような経緯もあり、ベンチャーに移りナンバー2として会社を支える立場になりました。

なにせ小さな会社ですから、自分の判断ミスで下手をすると会社は倒産し、何十人という社員は路頭に迷うことになってしまいます。

資金繰りも結構厳しく、胃が痛い思いを何度もしました。資金の手当てがつかず、発行していた社債がデフォルト（債務不履行）寸前になったこともありました。

こうした修羅場を経験して良かったことは、人の心の痛みがわかるようになり、ちょっとの苦難に遭遇しても「人事を尽くして天命を待つ」といった開き直りができるようになったことです。

上級管理職になればなるほど、厳しい決断をしつつも温かい対応をおこなう、ケインズが言った"Cool Head & Warm Heart"（冷静な頭脳に温かい心）が必要になってきます。そういう意味で、修羅場は人間性を磨く絶好の機会になるのです。

5 部長の新社畜力

〈1〉社畜と新社畜の違い

▼「社畜」とは何か

「社畜」という言葉があります。どのような意味があるのでしょうか?

Wikipediaには、「主に日本で、社員として勤めている会社に飼い慣らされてしまい自分の意思と良心を放棄し奴隷（家畜）と化したサラリーマン、OLの状態を揶揄したものである。『会社＋家畜』から来た造語（以下略）」と書かれています。

この定義にあるように、社畜の問題点は「自分の意思と良心を放棄」することにあります。「会社のために一生懸命働くこと」は社畜ではないことに注意が必要です。会社のためと称して「良心を放棄」して、例えば組織的なリコール隠しや偽装、不正会計、サービス残業強要など、反社会的な行為をしてしまうことに本質的な問題があります。

▼思考停止の恐ろしさ

非常に恐ろしいのは、間違ったことをしっかり真面目にやってしまうことです。「アイヒマン実験（ミルグラム実験）」をご存知でしょうか？

この実験は、先生役と生徒役に分かれた被験者2人でおこなわれます。先生役が問題を出し、生徒役がそれに間違えると、先生役が電気ショックを与えます。解答を間違えるにつれて電圧を上げていくよう指示をされ、そのたびに生徒役は苦しみます（じつは生徒役は演技です）。

被験者が実験の続行を拒否しても、権威ある「博士」風の人物から続行を指示され、結局は40人中25人（62％）が最大電圧までスイッチを入れたのです。

この実験で、人は権威ある人物から命令を受けると、自分の行為によって死に至る可能性のあることを平気でおこなってしまう可能性があることが証明されました。

ナチスドイツで何百万人ものユダヤ人をガス室に送り込んだアイヒマンは、その裁判で「私は上の命令に従っただけだ」と無罪を主張し続けました。「上司の命令に忠実に、真面目にユダヤ人たちを粛々と収容所に輸送しただけ」というのです。

要するに、普通の人がアイヒマンになってしまう可能性があるのです。

▼上司に絶対忠実である必要はない

「社畜」の恐ろしいところは、自分の頭で考えずに、意思と良心を放棄していることです。

私の言う「新社畜」とは、そうではありません。

会社との立場が対等とまではいかなくとも、少なくとも一方的に会社に養ってもらう立場ではありません。会社に依存していないので、自分の意思と良心は忘れないのです。

「新社畜」は、会社の理念に共鳴し、会社とともにその理念を追求するために組織に所属します。

ですから、上司である役員や社長の言うことにすべて従う必要はありません。

会社の理念に対しては忠実であるべきですが、上司に対して絶対忠実である必要はないのです。

自分の意思と良心に従い、上司の命令がそれに反していると思えば、反対をすべきでしょう。

例えば度重なるリコール隠しで話題になった三菱自動車ですが、企業理念は「大切なお客様と社会のために、走る歓びと確かな安心を、こだわりを持って、提供し続けます。」とあります。

リコール隠しは、仮に上司に命じられたとしても、理念には明らかに反します。

「新社畜」だったら上司に命じられても従わない強さを持つべきです。

〈2〉大局観ある新社畜の勧め

▼理念に対してブレない

「新社畜」とは、会社の方針が気に入らなければ従わないとか、長時間は絶対働かないとか、会社から距離を置き、自分勝手に仕事を進めるという意味ではありません。会社の理念に忠実で、「理念の実現にむけて自分も組織の一員として貢献する」という部分さえブレなければ良いわけです。

それでは、会社の上層部で決定された方針が「間違っている」と思った場合は、どうすれば良いのでしょうか？

当然真っ向から反対することも大事ですが、それでもやれと言われることはあるでしょう。

▼時には徹底抗戦も

私が外資系企業にいる時、本国の上司から部署の人間を何人か解雇するよう指示がきた時の話です。

この時は日本法人に問題があったわけではなく、単に本国の業績が悪いため、機械的に日本にも人員削減が割り当てられたにすぎません。

当時の日本法人では業務拡大の可能性があり、そうした中における合理的な理由がない解雇は、会社に対する不信感を生みます。

これは正しい意思決定ではないと考え、私と上司は真っ向からぶつかりました。上司も譲らず、私も日本の労働法を盾に時間稼ぎをして徹底抗戦しました。

幸いにも、そうこうするうちに景況感が変わり、最終的に彼も人員削減を撤回してくれました。

このように、新社畜が社畜と違う点は、「ここぞ」という時に自分の考えを通すところです。部長には、「何が正しいか、間違っているのか」を自分の頭でしっかり判断し、行動することが求められるのです。

それと同時に、これからの部長は、自分自身はもちろん、部下に対しても、「社畜」にならないよう気を配った組織運営が必要でしょう。

もちろん、その最終的な責任は自分が負わなければいけないことは忘れてはいけません。

第 6 章

役員への出世術

「役員に出世するのはどうしたら良いですか?」という質問をたびたびいただきます。しかし、私にも「よくわからない」というのが、正直なところです。

部長の場合は「スキルより人間力が大事」と前章でお伝えしました。しかし役員の場合は、「人間力よりも運が大事」になります。

運をつかむためにはどうしたら良いかということになり、この点について私には取り立てて知見がありません。

ただ、運を下げてしまう「べからず」は思い当たる部分があります。そこをお伝えしたいと思います。

1 無駄に敵をつくらない

以前は、人格円満で敵をつくらないタイプが役員になれるケースが少なからずあったと思います。

しかし、これだけ不確実な時代になると、常に新しいことを求められている中で、周囲との摩擦なしに物事は進められません。必然的に社内に敵をつくってしまうことは避けられないでしょう。

今では敵をつくらないようなタイプは仕事を推し進めることができず、下手をすると課長になるのも難しいかもしれません。

しかし一方で、やたらと敵ばかりをつくってしまうのは問題です。無駄に敵をつくる典型的パターンとしては以下の２つがあります。

〈1〉恥をかかせる

対立する相手を完膚なきまでに叩きのめすことは、私も若い頃にやったことがないわけではありません。しかし、議論などで完膚なきまでに叩きのめした場合、相手は恥をかかされたと思うでしょう。

例えば社長や居並ぶ役員の前や、重要な顧客の前などで恥をかかせてしまえば、生涯恨まれても仕方がありません。

相手が明らかな悪意を持ってあなたを陥れようとしたようなケースを別にすれば、たいてい意見の対立というのは相手側にもそれなりの分があるものです。

いわゆる相手の最低限の誇りや名誉は尊重する「武士の情け」がビジネスの場においては必要と心得ておきましょう。

〈2〉人格、能力を非難する

業務上の対立というのは常に起こるものです。

それぞれに立場が違えば、利害が一致しないことがあって当然です。目的は一致していてもその手段が異なる場合に、その手段を理論的に批判するのは問題ないでしょう。その場合は決定的な対立にはなりません。

しかし、相手方の人格や能力を非難してしまえば話は別です。

例えば営業センスがないから数字が上がらないとか、自己愛が強すぎるといった、能力や人格をあからさまにけなされた場合、普通はかなり不愉快になるはずです。しかも、仕事のやり方や行動は変えられますが、人格や能力は簡単には変えられません。

弁が立ち、ロジカルに話す人がとくに陥りやすい罠です。

的確に相手をやり込めてしまったり、人格能力の欠点を的確に指摘してしまうため、相手は非常にこたえ、敵になってしまうわけです。

頭の切れるロジカルな人が部長止まりになるのはたいていこのパターンです。

2 言い訳をしない

地位が上がれば上がるほど結果は「運」に左右されやすくなります。

しかし一方で、上になればなるほど「結果」で評価されます。役員ともなれば通常ほぼ１００％結果責任を問われるといって良いでしょう。

極端な話、商品の運搬中に、トラックに雷が落ちて大損害を受けたとしても、もしあなたがその責任者であれば、あなたの責任です。

したがって、部長レベルにもなって、結果が目標に達しない時に、ひたすら言い訳をするようなタイプは、運の悪い人間だという印象を与えます。

「運の良い人」という人というのは確かにいるのですが、よく観察してみると、ある共通点があります。

それは、たとえ不運なことがあっても言い訳をせずに、すぐにバックアッププランを持って来られるような、良い意味で悪あがきができるタイプであるということです。

また、悪い結果が出ても、そこから何かしらリカバリーするか、場合によってはうやむやにしてしまいます。

私の好きなことわざに「人生がレモン（不良品）を与えたらレモネードをつくりなさい」というものがあります。

何か不幸なことがあってもそれをむしろ材料にして立ち上がりなさいという意味です。こういったタイプは「不運」の方が逃げていく気がします。このような人は運を下げることがないわけです。

3 負のエネルギーを貯めない

職場で仲たがいをして、ほとんど口を利かず、挨拶もしないという人をたまに見かけます。感情がこじれて「あいつが言うことは何から何まで気にくわない」のような感じです。

このあたり、アメリカ人は図々しいというか、うまいので紹介します。

自分の失敗を平気で他人に押しつけ、功は奪うといった陰湿なことをするアメリカ人は、日本人より多いでしょう。私も米系企業に勤務している時に結構やられました。ところが、人の功を奪っても悪びれず「君もよくやったよね」などとニコッとやられ、失敗を押しつけても「不運だったたね」と言ってのける図々しさがあります。これにはあきれますが、それでもなぜか心から憎めません。

会議でかなりの対立をしても、終わった後は明るく挨拶をするし、カラっとしているのです。こちらが逆襲をかけてやり込めた後でも、終われば普通に挨拶して世間話ができてしまう。

こうした「感情的に引きずらない割り切り」は見習うところが多いと思います。

アメリカ人は何も人間的に優れているのではなく、怒りや恨みといった負のエネルギーを早く発散するすべを知っているのだと思います。

負のエネルギーは幸運を呼ばないということを心得ているのでしょうか。ぜひ私たちも見習いたいものです。

第 7 章

苦難の乗り越え方

部長という立場にもなれば、課長までとは違った苦難が次々と訪れ、逃げ出したくなることも1度や2度ではないでしょう。

そんな数々の苦難に際して、ありがちな3つのシチュエーションを例に、ささやかなアドバイスをお伝えできればと思います。

1 会社の業績が悪い

私がベンチャー企業の役員だった頃、その会社が倒産の危機に瀕したことがありました。その時は眠れない夜が続きました。

それでも、間近で見ていたオーナーである社長の苦悩に比べれば、所詮サラリーマンの苦悩などは大したことがないというのが実感でした。社長はかなりの財産をなくしてしまうのですから大変です。


私はせいぜい倒産すれば給与が出なくなるだけです。仕事は数か月もすればどこかでは見つけられるはずです。

社長がその時に言っていたのは「財産が無くなったとしても命まで取られるわけで

はないのでまたやり直せる」ということでした。サラリーマンであればなおさら開き直って、「最悪でもクビだ」と考えれば非常に気が楽なわけです。

ただ大切なのは、どんな苦難に陥っても、そこで致命的な失敗は決しておかさないということです。

人の生命や安全、健康に危害を加えるようなことをしない、法律や倫理に反することはしないことです。

この種の失敗をした場合は、クビだけでは済まされず、犯罪者になることもあるでしょうし、そうでなくとも次の仕事に差し障りが出るでしょう。

ありがちなのは、業績の低下を糊塗するために安全に目をつぶった製品を生み出してしまったり、粉飾決算を主導的におこなう、または黙認してしまうということです。

こういった致命的な失敗さえ避ければ、いくらでも取り返しはできると思うのです。

2 上司とうまくいかない

自慢ではないですが、私にも馬の合わない上司は何人かいましたし、関係が決裂した上司もいました。ただ私も学習するようになって、自分に合わない上司とはだんだんと感情的に対立しないようになりました。その上司の「気に食わないやり方の根本」には何があるのか考えるようにしたのです。

▼相手の要求にこたえる

私の苦手なタイプはいわゆる「マイクロマネジメントタイプ」でした。細かく何をやったか報告を求めて、すべてにわたって事前の承諾を求めます。部下や他部署にも同じようなことを要求するわけですから、彼のオフィスには絶えず誰かが出入りし、門前列をなす状態で、時間がかかって仕方がありません。

昔は「なぜいちいち報告しないといけないのか」などと突っかかっていましたが、そのようなことはいたずらに対立を生むばかりで益がありませんでした。

このような上司はとにかく自己防衛意識が強く、不安感の強い人が多いです。部下が抜け駆けするのではないか、心配で仕方がないわけです。

そこで私は、部下や他部署の人が彼に嫌々報告を持っていくところを、あえて不必要なくらい報告をして、門前列をなして時間がない時は非常に丁寧なメールで説明をするようにしました。

すると不思議なことに、彼も仕事が回らないと私に対しては「任せるから終わってから報告してくれれば良い」という感じに少しずつ変わってきました。

このように、自分が気に入らない相手は、その人の仕事のやり方の根本を観察し、そこに寄り添うやり方が有効でしょう。

▼とにかく仕事に注力する

問題のある上司のタイプにはもう1つ、完全な人格的欠陥者で、「パワハラやいじめが好きなタイプ」の人もいます。このタイプにあたる確率はかなり低いと思いますが、万が一当たってしまうと強烈です。

私の経験したある外資系の社長も典型的なパワハラタイプでした。

こういった上司に当たった際は、めげずに仕事に注力するのが一番です。社長だと難しいですが、それ以外であれば、意外に他部署の長や周囲が見てくれているものです。そういった他部署の同情者を味方につけていくというのは1つの戦略です。

ただ、あまりにひどい場合は、辞めるというのも選択肢として考えておく必要があるかもしれません。

3 部下から総スカン

私がGEに入った時、その部署は買収された日本企業の人がほとんどで、まだGEのやり方に慣れていないために、モチベーションが非常に下がっていました。そうした中で、私は課長クラスやベテラン社員に向かって「たるんでいる」といった言い方で叱責をしてしまいました（これは完全に私の誤りでした）。

この発言によって部下から総スカンをくらうことになったのです。おかげで質問には最低限答えてくれるのですが、向こうからはほとんど話しかけてこなくなりました。

たいてい部下からの総スカンというのは、言い方やアプローチの仕方が間違ってしまうことで起きます。ただ、目指すものが間違っているわけではありません。

こういったことに即効性の高い処方箋はなく、最低限の受け答えしかしてくれなくても、腐らずにコミュニケーションを絶やさないことです。コミュニケーションさえとっていれば、相手側も何となく私の人となりがわかってきますし、だんだんと話を聞いてくれるようになります。

私のケースでも、話していくうちにだんだんと味方が増えていき、数人のやる気のない人間が退社して、かえって団結力は増しました。

総スカンになっても殻にこもることなくコミュニケーションを絶やさずにいれば、どこかに突破口は見つかると思うのです。

第 8 章

部長の自己啓発

自己啓発といえば必要なのは若手や中堅までで、部長の自分には関係ないと思っている人が意外に多いことに驚きます。

確かに部長になると、スキル的なものより人間力が重要だと述べましたが、それは自己啓発が不要になるという意味ではないのです。

ここでは改めて、部長に必要な自己啓発についてお伝えします。

1 棚卸しは年に1回必ずおこなう

▼レジュメ（職務経歴書）のアップデート

皆さんはレジュメ（職務経歴書）を書いたことがあるでしょうか？

通常レジュメには、今まで自分が何をやってきたのか、どんなことを身につけたのか、どんな貢献をしてきたのかを記載します。

したがって、自分のレジュメを年に1回つくるということは、その年に自分のやってきた仕事を振り返る絶好の機会になります。

充実した仕事をしながら1年も経てば、新たに書き加えられること、成果や業績、自己啓発によって新たに身につけたものがあるはずです。

逆に、いざ書こうとしても何も書き加えることがなければ、漫然と過ごしているということになり、大いに気をつけなければなりません。

私も外資系企業に勤めるようになって以降、毎年1回はレジュメをアップデートしていました。

もともとは、ヘッドハンターから転職のお誘いがくる時のために用意していましたが、しばらくすると、レジュメのアップデートにはさまざまな効用があることに気づいたのです。

▼仕事のマンネリ化対策にも効果的

アップデートの時期はたいてい年間評価のある少し前くらいで、自己評価の際にもある程度流用することができます。

私の場合、書くことがないということはさすがにありませんでしたが、大した業績も上げられず、自分自身の成長もほとんど感じられないということはありました。そのような年は大いに反省して、新たに挑戦する仕事がないか、一層気をつけるとともに、積極的に新しいことに挑戦するように心がけていました。

また、現在の職場ではあまり挑戦ができないと思うなら、転職を考える良い機会にもなります。

若いうちは仕事の中身もわりと頻繁に変わることがありますが、上層部になると自分で努力しない限り、何となく停滞するかどんどん流されるかしてしまいます。

そういった意味でもレジュメのアップデートは効果的です。

とりわけ毎日がマンネリ化しているように感じられるなら、レジュメのアップデートはお勧めです。

2 自己啓発に歴史・哲学が必要な理由

▼難しい決断を間違えないために

地位が上がってくると難しい決断が増えてきますし、その影響は全社にわたり、大企業であれば社会的影響が出ることもあるかもしれません。数字できっちり捉えて検討することは重要ですが、数字だけで白黒はっきりすることばかりではありません。

かといって、データが完全にそろってから判断するのでは間に合いません。

自分なりの良心、考え方を持って物事を決めなければならないことが多い中で、判断のよりどころはどこに求めたら良いのでしょうか？

まず大事なのは「数字」でしょう。

しかしもっと大切なものがあります。それが、「歴史」や「哲学」です。

▼歴史や哲学が自分なりの物差しを培う

上司の命令と数字の達成をひたすら真面目にやり続けて、史上まれに見る恐ろしいことをやってしまった人物として、ナチスドイツの親衛隊中佐アドルフ・アイヒマンの例を挙げました。

彼自身は戦犯裁判で「自分は上司に従っただけだ」「1人の死は悲劇だが、集団の死は統計上の数字に過ぎない」と述べ、粛々と上司の命令に従って数字を達成しただけと述べています。

現代においても、安全偽装や不正会計などが後を絶ちません。

私自身粉飾決算後の調査で企業にお邪魔することがありますが、粉飾の当事者はたいていい生真面目そうな人で、ふてぶてしい悪人タイプはまずいません。それだけに会社の意向、上司の判断、与えられた数字に唯々諾々と盲目的に従うのは危険なのです。

また、２０１６年の米大統領選挙でトランプ大統領が選ばれた過程で、ロシアの情報部隊がＳＮＳ等を操作していた疑いがもたれています。オバマ政権はロシアの外交官（という名の情報将校）を国外追放しました。メディアであっても操作され、その中でつくられた像が我々の中で存在している可能性があるわけです。

歴史や哲学が役に立つ理由は、人間のさまざまな決断において、自分なりの物差しを得ることができるからです。自分なりの物差しがないと、誤った情報に踊らされ、誤った（場合によっては恐ろしい）判断に唯々諾々と従う人間になってしまうのです。

3 部長に必要な「新三種の神器」

〈1〉ITリテラシーを身につける

▼実務的なことは専門家に任せる

私自身は取り立ててＩＴが得意だと思ったことはありません。

パソコンの初期設定などはやれば四苦八苦ですし、エクセルの関数やマクロなど若い頃はよく使いこなしていましたが、最近はあまり使わないのですっかり錆びついてしまっています。

SNSも使ってはいますが自分で使い倒すというレベルではありません。当然できないよりできた方が良いとは思うのですが、さほど勉強しようとは思いません。

理由は、自分でできない部分は専門家に任せるからです。

例えば、私の場合、フェイスブックの投稿程度は自分でおこないますが、どのような設定にしたら良いのかといった細かなことは専門家の意見を聞き、自分でできない部分は設定までお願いしてしまっています。

▼専門家に任せられるだけの知見を身につける

部長レベルでメールが打てないとかワードもできないといったIT音痴レベルでは困りますが、ITを使いこなせることよりも、ITの技術がビジネス全般にどのような影響を与えるのか、どのような利用方法があるのかという知見の方が重要です。

極端な話、ＳＮＳなどの細かい設定方法などは知らなくても良いのですが、基本的な使い方、構造、そしてどのような目的で利用するのかということがわかれば、あとは専門家に任せてしまえば良いのです。

部長レベルで必要なのは丸投げではなく、うまくＩＴの力を生かせるよう、専門家を使える能力です。

こうした知識を得るためには、何も特別なことをする必要はなく、一般経済誌に載っていることを理解しておくレベルで良いのです。

ただ表面的に記事を読むのではなく、どのようにビジネスに影響を与えるのかという観点を忘れなければそれで十分かと思います。

〈2〉粘り強い英語力を身につける

言葉は、美しく流暢に話せるに越したことはないでしょう。

しかしビジネスパーソンに大切なのは発音の美しさや表現の正しさではなく、内容です。

ただ、業界や業種に関する専門的な単語だけは押さえておいた方が良いでしょう。

▼部長に求められる英語

私が部長などの上級管理職で必要だと思うのは、流暢な英語より「粘り強い英語」です。粘り強く相手の話を理解して、きちんと英語で主張できることです。

「粘り強い英語」の中心にあるのは、「質問力」です。

自分の英語力ではよく理解できないことがあれば、とことんまで質問する力です。

真剣なビジネスの場で、しっかり考えられた話をしていることが相手に伝わり、相手の話を理解しようと必死になっていることがわかれば、普通はいくら質問をしても丁寧に対応してくれます。

また、"Let me make sure…."（確認させてください）といった感じで重要なポイントについてきっちり確認を取っていく姿勢は、会話が多少たどたどしくても（相手がまともな限り）評価されるものです。

きちんとポイントを押さえれば、自信を持って自分の主張をすることができるでしょう。

▼大事なのは粘り強く質問すること

しばしば「日本人は自己主張をしない。したがって国際社会では評価されない」と言われることがありますが、相手の話のポイントさえわかれば、自信を持って主張しやすくなるはずです。そのためにも「質問」をして、話のポイントをしっかり理解することが必要です。

私が日本コカ・コーラに転職した時は、英語が母国語の人や、帰国子女、留学経験者に囲まれて、それまで海外経験もなかった私は非常に苦労しました。今でも英語が得意とは言えません。

そのような私でも昇進できたのは、仕事の成果もあるかとは思いますが、わからないことはわかるまで確認をして、主張すべきことはきっちり主張していたことがあると思います。

母国語ではないのですから、英語がわからないことを恐れる必要はありません。難しい内容であれば日本語であってもわからないことはあります。「わからないこと」は恥ずかしいことでも何でもありません。

恐れず粘り強く、わかるまで質問する姿勢が大切なのです。

〈3〉会計のメカニズムを理解する

▼部長に必要な会計力とは

会計力を身につけるには、簿記3級レベルの基礎は必要です。このレベルであれば、手を動かして仕訳を切りながら実用書を1冊読めば独学で身につけることは可能でしょう。

しかし、それ以上に会計の専門書を次々と読む必要があるかというと、重要性はさほど高くはないかと思います。

経理部門などを除けば、部長に必要な会計力は専門知識にあるわけではありません。それよりも、さまざまな会社の経済活動がどのように会社の財務数値に反映されるのか、おおよそのメカニズムを理解していることが大切です。

▼会計基準を細かく知る必要はない

例えば営業部門の長であれば、収益の認識・測定基準を理解していることが必要になります。

営業部門は一般的に、顧客とモノ・サービスの提供をある一定の価格で提供する「約束」が締結されることで「受注」になります。

しかし、会社の財務数値に反映されるには、収益認識基準を満たす必要があります。昨今の会計の国際化にともない、収益計上基準もどんどん厳密になってきています。

このあたりの感覚が鈍い営業部長だと、自分の実績が今期の成績に反映されないと怒鳴り込んできたりします。

一方、さまざまな経済活動が財務数値にどのように反映されるか、きちんと勉強している部長は、気になる部分は経理部門などの専門家に事前に問い合わせをしているものです。

会計基準を細かく知っている必要はありません。

大事なのはこうした収益の認識・測定基準について、おおよそのメカニズムがわかっていることと、詳細について専門家に質問できることです。

ビジネスに大きな影響を与えるような会計基準の変更などは、日本経済新聞や一般のビジネス誌に必ず載ります。

その部分は多少頭に入れて、自分の会社に影響が出そうなところは自分で調べたり、専門家に確認すれば大半のことはカバーできるでしょう。

そういった繰り返しで自然に会計力は磨かれていくのです。

おわりに

自分はどちらかというと不器用なタイプで、他人を踏み台にして出世の階段を駆け上がっていくというよりも、踏み台にされやすいタイプでした。

実際にグローバル外資系企業に入社した頃は、良いように使われ、おいしいところは全部持って行かれたことも頻繁にありました。

私は帰国子女ではないですし、学生時代に英語は苦手科目でさえありました。

そういった意味で、私は皆さんの考えるグローバル外資系企業の社員像とはだいぶ違うかもしれません。

当然ドラマに出てくるような怜悧なタイプの人も多くいますが、私のような要領がたいして良くないタイプも少なくないのです。

確かに欧米系の外資系企業では、短期間でどんどん実績を上げてアピールしておかないと、ひたすら取り残される世界です。

そんなグローバル外資系企業の世界で、幸いながらスタッフレベルからキャリアを開始して、マネジャー（課長）、ディレクター・コントローラー・CFO（財務部長、財務本部長といったレベル）といった階段を昇っていくことができました。

＊

その中で気づいたことは、結局長い目で見ると、他人を踏み台にするような人間は確実にどこかで相手にされなくなり、心を入れ替えるか辞めることになるということです。

着実にコツコツと真に自分の実績を積み上げることが大切で、そうした姿勢や実績を（ある程度アピールは必要ですが）上司はきちんと見ているものです。

その意味において、根本的な仕事の進め方や求められるものは、日本の会社とほとんど変わらないことに気づきました。

本書では、私のようなどちらかというと不器用な人間でも、グローバル企業でコツコツと実績を積み上げていくための仕事術を記したつもりです。

＊

一般企業では、まだまだ年功序列は存在していると思われます。しかし、能力主義が浸透しつつある一方、どんどん組織はシンプルになってきて、部長というポストは少なくなっています。

したがって、いま部長になれるのは、部長の職責を果たせる潜在能力がある人、もう少し具体的に言うと、この本に書いてあるようなことが全部とはいかなくても、ある程度実践できている課長レベルと言えましょう。

おそらくは今後、同一労働同一賃金が浸透してきた場合、他人にはまねのできない専門性をどんどん極めていく人間か、課長、部長、役員となっていけるような経営管理能力のある人間以外は、報酬がほとんど変わらない厳しい世界になっていくと思われます。

そういった意味で、将来企業の中で経営管理能力を磨きたいと思われている読者の方に少しでもお役に立てれば幸いです。

＊

最後になりましたが、さまざまなことを会社員時代の上司、同僚、部下から学ばせていただき本書ができました。このような人々との出会いに感謝して筆をおきたいと思います。

川井　隆史

２０１７年2月

著者
川井隆史（かわい・たかし）
ハンズオン・CFO・パートナーズ㈱代表取締役社長
1964年大阪府生まれ。慶應義塾大学経済学部卒、テンプル大学経営大学院修了（MBA）。公認会計士、税理士。
大学卒業後、国民金融公庫（現日本政策金融公庫）を経て、アーサー・アンダーセン（現あずさ監査法人）、日本コカ・コーラ、GEの外資系企業3社に勤務。財務・経営企画担当ディレクター、米国本社経営企画担当マネジャーなどを歴任した。
その後日系ベンチャー企業（上場、非上場含む）でCFO（最高財務責任者）や米系大手コンサルティング会社で経営コンサルタントとして活躍後、独立開業。外部CFO、ベンチャー・外資系企業の事業計画、PMI（買収後統合計画）、会計・税務のコンサルティング業務を手がけている。
著書に『外資系エリートが実践する「すぐ成長する」仕事術』（日本実業出版社）がある。

●ホームページ
http://ta-manage.com/
●ブログ
http://ta-manage.com/blog/
●フェイスブック
http://www.facebook.com/takashi.kawai1

部長の仕事術

2017年 3月25日 初版発行
2023年12月19日 第14刷発行

著者　川井隆史
発行者　石野栄一
発行　明日香出版社
〒112-0005 東京都文京区水道2-11-5
電話 03-5395-7650
https://www.asuka-g.co.jp
印刷　美研プリンティング株式会社
製本　根本製本株式会社

ISBN 978-4-7569-1892-5

部下がきちんと動く
リーダーの伝え方

吉田　幸弘

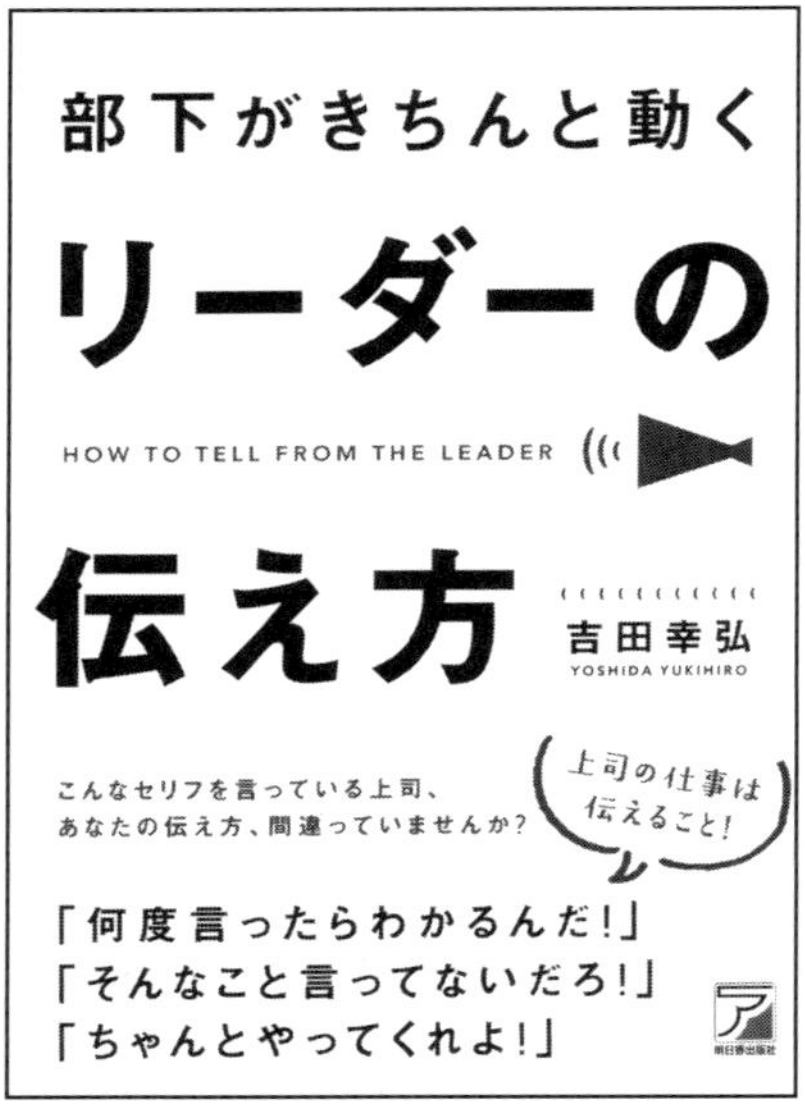

部下を叱ったら、何日もムッとされコミュニケーションがおかしくなった。教えたつもりが伝わっておらず、部下がミスをおかした。ホウレンソウを指導しているが、いつもタイミングが遅い。『思い』が伝わらない、ホウレンソウができない、説明したことができない、こんな悩みを解決するための、指南書です。

本体価格 1500 円＋税　B6 並製　232 ページ
ISBN978-4-7569-1795-9　2015/10 発行